# 2025年
# トランプ劇場
# 世界は大激変2.0!

最新のウラ情報から未来を読み解く

宮崎正弘
Masahiro Miyazaki

ビジネス社

# はじめに――世界秩序にシステム・シフトが起こる

ウクライナ戦争が泥沼化し、こんどはイスラエルとハマスの紛争が起きた。まるで第三次世界大戦前夜だ。

波乱の2024年が始まった。世界はまさに「ダモクレスの剣」という危機的な状態である。「トランプ劇場2・0」が直面する難題が早くも山積みである。

「ダモクレスの剣」とは平和、安定とみられる環境に戦争が迫っている危機的な状況を意味する。故事によればディオニシオス王の廷臣ダモクレスが王位の繁栄と安定を賞賛すると、王は天井から髪の毛一本で剣をつるした王座にダモクレスを座らせた。そして諭した。

「王者の身辺には常に危険がある」。

そのダモクレスの剣が二本も降ってきた。

2022年2月24日、ロシアがウクライナに侵攻、戦争は泥沼化し、双方の死傷者は数十万人となった。ＡＩ兵器の実験場ともなった。

２０２３年10月7日、ガザ地区に陣取るハマスがイスラエルを奇襲した。数千発のロケット砲、二百数十の人質。イスラエルは陸海空からガザに侵攻し、激烈な戦闘でビルは瓦礫と化した。死者は1万人を超えた。

西側の関心はウクライナを離れた。全米最大の週刊誌『ＴＩＭＥ』（11月20日号）の表紙には驚かされた。ウクライナ大統領で、元コメディアンだったゼレンスキーが嘆いている。

「誰も我々の勝利を信じていない！　西側に裏切られた！」と。

この雑誌、ウクライナで発売禁止となった。

「試合は終わった」と欧米メディアが報じ、欧州の評論家は、イスラエル・ガザ紛争にメディア報道が集中したためウクライナ問題は霞み、「ゼレンスキーは過去の人」とした。ＮＢＣニュースは「米国と欧州の当局者が戦争終結のための譲歩の可能性について、静かにウクライナと協議を始めている」と報道した。

英誌『エコノミスト』は「ウクライナの最高司令官は、突破口はなく、戦況は膠着《こうちゃく》状態にあることを認めた」とし、『ニューヨーク・タイムズ』は「ウクライナ軍最高司令官が戦闘が行き詰まりに達したと初めて述べた」と書いた。最前線はほとんど動かず、戦局は膠着状態にある。

ウクライナ軍の戦闘能力は急速に失われた。「現在、西側諸国は武器を送り続けることはできるが、それを使用する有能な軍人がいない。だから役に立たない」。

まして米国民の親ウクライナ熱は急凍冷蔵庫だ。

ウクライナの若者ら2万余が徴兵逃れのため国外へ流れでた。ロシアに投降するウクライナ兵も増えた。

イスラエルによるガザ攻撃に対してホワイトハウスの全面支持は、枯渇した米国の兵器庫にさらなる負担を強いた。ウクライナ向けを予定していた数万発の砲弾がイスラエル国防軍に転送された。ウクライナがNATO加盟国になるという幻影も消えた。

トランプ政権で大統領安全保障担当副補佐官を務めたフィオナ・ヒル博士はロシア研究の泰斗として世界的に知られる。『シベリアコース』、『エネルギー皇帝』『プーチン』などの著作がある。後者は『プーチンの世界「皇帝」になった工作員』(新潮社)として邦訳も出ている。

そのヒル女史が言った。

「国際秩序は『システム・シフト』に移行するだろう。イスラエルvsハマス紛争で裨益《ひえき》するのはロシアと中国である。西側諸国は無自覚的に、しかも長期に亘ってロシアと第三次世界大戦を戦ってきた」

「第三次世界大戦は始まっている」という認識に基づくフィオナ・ヒルは「ウクライナとイスラエルで続いている紛争は地政学的変化の前兆であり、ロシアにとって有利に働く。国際秩序の大きな変化を反映し、それを生み出した第一次世界大戦や第二次世界大戦のような、地球規模のシステムを変える戦争になる可能性がある」（23年10月29日、『ロスアンジェルス・タイムズ』）

「ロシア、中国、イランが連携しており、これらの紛争で中国とロシアの連携が緊密になった。米国が中国と敵対関係にある限りロシアの選択肢を狭め、中東を沈静化させる望みはない。国際秩序は新しい局面にシフトする」。

言外に西側で起きているパレスチナ支援行動は、かつてのベトナム反戦運動に酷似し、米国に厭戦ムードが猖獗《しょうけつ》すると国力を劇的に弱める。背後に中国、ロシア、イランの暗躍があると示唆している。

もうひとつ重大なシステム・シフトがある。

半世紀続いてきた「ペトロダラー体制」に黄昏《たそがれ》がせまり、サウジアラビアが中国と通貨スワップを締結したことだ。

これに米国は為す術もなく、戦後世界経済史は書き換えられることになるだろう。23年11月20日、サウジアラビア中央銀行（SAMA）は、中国の人民元と「通貨スワップ」締結を発表した。中国は既に30ヶ国と通貨スワップを締結しているが、中東産油国最大のサウジアラビアとは初めてである
ただしスワップの規模は小さく、実験段階の印象はぬぐえないが、500億人民元（1兆円）の枠内で交易決済に使用され、とりあえず3年間有効とし、3年後にお互いが有効性を認めれば、更新・枠の拡大もなされる。

米国がもっとも懼れたペトロダラー体制に明確な亀裂が入った。サウジアラビアにとって中国への石油輸出が最大であり、また中国に大規模な精製基地の建設に乗り出している。中国からサウジへの輸出品は電機、工業製品、雑貨をさしおいて武器である。

米国は1971年に金兌換制度から離脱し、ドルは変動相場に突入した。1974年にキッシンジャーとサウジ国王の密約がなって、石油取引はドル建てとなった。これで米ドルの地位は守られてきたが、EU諸国は米ドルに対抗して、「ユーロ」の共通通貨創設で対抗してきた。だがユーロ建ての商品取引（石油、金、鉱物資源、穀物など）はなく、欧州

で独自通貨を維持しているのは英国、スイス、北欧諸国とハンガリー、チェコ、ポーランドである。

人民元のドル基軸体制への挑戦が本格化した一方で、アルゼンチンのように自国通貨を米ドルに切り替える政策を発表した国もある。

ともかく新事態の到来にそなえ、トランプは「新ドル＝トランプダラー」（詳しくは第二章で詳述）を本気で考えるだろう。

ハンガリーのオルバン首相が叫んだ。

「はやくトランプを呼び戻せ！　トランプが世界を救う」。

それなら2024年米大統領選挙で当選確実なドナルド・トランプは、世界をどのような〝システム・シフト〟に動かそうとするか。

「トランプ劇場2・0」では如何なる政治劇が演じられるのだろうか。

宮崎正弘

2023年師走

はじめに――世界秩序にシステム・シフトが起こる　3

## 第一章　トランプは何をしでかすか？

## 第二章　「トランプ・ショック」の第一弾は新ドル札



## 第三章　トランプにとって究極の敵はイランだ

## 第四章　米国の分裂と衰退は不可避的

## 第五章　破綻寸前の中国経済・トランプは救いの手を出すか？

## 第六章　プーチン退場の後はチンが支配者？

## 第七章　米中半導体抗争の不透明な未来

## エピローグ　トランプが仕掛ける対日ショックとは何か？

# 第一章

## トランプは何をしでかすか？

## 金価格が史上最高値をつけた不気味さ

フィンランド大学客員教授で、経済予測で世界的に知られる起業家のトウマス・マリネン（経済学博士）は、ウクライナ戦争を踏まえ、イスラエルへのハマスの奇襲とガザへの反撃戦争以後、世界が遭遇する最悪のシナリオは次の10項目であるとした。

●米軍のイスラエル直接介入がおこる
●ＯＰＥＣが再結束し石油価格をあげる
●イランがホルムズ海峡を封鎖する
●石油は1バーレル＝３００ドルを突破する
●欧州がエネルギー危機から経済金融危機を迎える
●ＦＲＢはインフレ対策のため金利政策を変更する
●金融危機は多くの銀行を倒産に追い込む
●債務危機が拡大膨張し、ＦＲＢは救済に乗り出す

●ペトロダラー体制が崩壊する
●過去に例のない猛烈インフレが襲来する

どのシナリオもあって欲しくはないが、「最悪のシナリオがあるとき、事態はその方向へ向かう」（マーフィの法則）のである。

マリネンが「ペトロダラー体制の崩壊」を予測していることには格別の注意が必要だ。イスラエルvs.ハマス紛争以後、世界で顕著な動きがでている。西側をふくめた世界各地でパレスチナ支援集会とデモ、とりわけトルコの反イスラエル、パレスチナ公然支援には留意しなければならない。トルコはＮＡＴＯの重要なメンバーであるにもかかわらず反欧米の態度を鮮明にした。

かくして金融危機が近いと認識する投資家はゴールド購入を増やした。金価格は１オンス＝２０００ドルを突破し、史上最高値をつけた。

欧米ではウクライナ支援追加に反対論が高まった。とくにハマス奇襲以後の世論調査で米国人の「ウクライナ支援継続」賛成組が65％から41％に激減した。

23年11月2日、米国議会下院はイスラエルへの軍事支援に絞った共和党の予算案を賛成多数で可決した。総額は１４３億ドル（約2兆１５００億円）。バイデンが求めた「ウクライナ支援」ははっきりと除外された。

同日、ギャロップの世論調査の結果は、バイデン政権にとって強烈なブローとなった。「ウクライナ支援は適切である」とした米国人は43％から33％に激減していた。「支援やりすぎ、うんざりだ」との回答は41％で、６月の調査から12ポイント下がった。金銭的支援を「削れ、上限と期限を設定せよ」としたのは61％となった。

上下両院の議員たちの動きも活発で、新しく下院議長となったマイク・ジョンソンは「ウクライナ支援より、イスラエル支援が先だ」としており、なかには「ただちに全廃」を言う共和党議員も目立った。米国の世論は明確に分かれた。

イスラエル支援の声は、10月のハマス奇襲直後は大きな動きだったが、イスラエル軍の地上作戦が開始されてから下落し始めた。

反対にパレスチナ支援集会が全米各地に拡がり、親イスラエルだった米国歴代政権の路線に反対の声のほうが強い事態となった。潜在していた反ユダヤ感情が突如噴火したような格好で、たとえばコロンビア大学で講演したヒラリーは、パレスチナ支援派の妨害があって、集会場の裏口から立ち去ったほどだ。コロンビア大学といえばリベラルの拠点、左翼の巣窟だった筈で、学生は圧倒的に民主党支持である。

トランプは、イスラエルのネタニヤフ首相とはソリが合わない。米国のイスラエル関与をトランプはがらりと変える可能性がある。

EU議会では、ハンガリーとスロバキアが堂々と「ウクライナ支援反対」を表明した。EU議会は全会一致でないと予算は成立しない。つまり事実上のウクライナ支援停止である。スロバキアがつづき、驚くことに隣国ポーランドでも保革逆転。ウクライナ支援継続が考えにくい状態となった。10月15日のポーランド総選挙で過半数を制した政党はなく左翼連立政権が崩壊し、保守系の連立政権が誕生する。

モラウィッキ首相（当時）は、「ウクライナにF16ジェット機を供与しない。ウクライナの廉価な小麦輸出でポーランド農業は大打撃を受けた」と不満を述べた。ウクライナはポーランド経由で西側の武器を入手してきたうえ、ポーランドは最大の兵站基地にして、かつ難民100万を受け入れてくれた。そのポーランドですら援助疲れがでたのだ。それが総選挙で与党の敗退となった。

ポーランドは防衛費をGDPの4％とするとし、アブラムズ戦車400両、韓国戦車を1000両以上、レオポルド2戦車を220両の購入を予定している。2015年のポーランド国防予算は90億ドルだった。23年に234億ドル、24年に327億ドルを予定し、近未来の戦争に備える。

トランプは英独仏では人気が低いが、ポーランド、ハンガリー、ルーマニア、モルドバあたりでは頼りになると人気が高い。メラニア夫人の出身地スロベニアではもちろん。

欧米の分裂状態と支援疲れが重なった状況は中国に裨益する。習近平の高笑いが聞こえる。

## ロバート・ケネディ・ジュニアが第三党から立候補

2024年11月の米国大統領選挙でトランプ当選は織り込み済みである。

焦点はバイデンが何時、不出馬を表明するかに移っている。となると民主党からは誰がでてくるか。カマラ・ハリス副大統領ではなく、おそらくニューサム・カリフォルニア州知事だろう。

2023年10月5日、JFKの甥、ロバート・ケネディ元司法長官の長男、RKJ（ロバート・ケネディ・ジュニア）が独立候補として出馬すると発表した。これでバイデン大統領再選の可能性はほぼゼロになった。まもなくバイデンは「不出馬」を表明せざるを得なくなる。現職の不出馬表明は1968年のリンドン・B・ジョンソン以来となる。

米大統領選の民主党の候補指名レースで、それまで次点に付けていたロバート・ケネディ・ジュニア（以下、RKJと略す）は第三党を結成し、民主党からは離れ、独立候補で出馬すると決意した。民主党全国委員会が徹底的に党内予備選出馬を妨害したからだ。

独立候補の奮戦は過去にウォレス、アンダーソン、ペローの例があり、いずれも与党分裂の結果、本命の惨敗となった。

RKJは「小さな政府」を唱え、ワクチン不要、ウクライナ支援停止、とくに「腐敗した利権」構造の米国の政治体制を批判してきた。このRKJの主張は、トランプの言っていることとあまり変わりはない。トランプが民主党候補として出馬しているような印象である。

それまでRKJと共闘の協議を重ねてきたリバタリアン党は「小さな政府党」とでも意訳すべきだが、徹底して政府の介入を嫌い、個人の自由で生きていくのが正しいとする政治原則は、ややもすれば無政府主義に近い。

クリント・イーストウッドも一時期支持したリバタリアン党のシンボルは「自由の女

神」だ。リバタリアン党は中国語では「自由意志党」と翻訳されている。成立は1971年、思想的源流はゴールドウォーター、現上院議員のロン・ポールもかつて所属した有力な第三党だ。ロン・ポールはイスラエルとハマス紛争では「わたしはどちらも支援しない」と言明している。

リバタリアン党は徴兵反対、政府の個人生活への介入反対。そもそも徴税に反対。必然的にコロナワクチン強制に反対。政党として全国組織をもち、2016年大統領選挙ではゲーリー・ジョンソンが出馬して3・28%を獲得した。現在の党首は政治論の著作もあるアンジェル・マクガドール（女性、40歳）。

バイデンの老齢が米国人の間でおおきく危惧された。CBSが23年9月17日におこなった世論調査で、34%がバイデンの老齢と耄碌《もうろく》は大統領の激務に耐えられないとし、44%が「再選されても任期を全うできない」と予測した。対照的に「トランプは再選されても任期満了時は82歳。大丈夫だ」と回答した。

もうひとり民主党陣営から立候補準備中の有力議員がいる。

23年11月9日、マンチン上院議員（ウェスト・バージニア州選出）は「11月の上院議員選に出馬しない」と記者会見で明らかにした。裏返してみると大統領選挙に独立候補としての出馬を示唆したのである。

マンチン上院議員は左翼偏向のバイデン政権に疑義を呈してきた。とくに民主党の歪んだ政策には賛成票を投じない。2020年一般教書演説では共和党の席に着いた。

マンチンは「ウェスト・バージニア州での目標は達成した。これから全米を旅し、中道層を結集して米国民を団結させる運動を訴えていく」とした。

背景に正副大統領候補の擁立を模索する第3政党グループ「NO LABELS（ノーレーベルズ）」の存在がある。超党派による政策推進を目指す「ノー・レーベルズ」の集会でマンチン上院議員は、「米国民には選択肢が必要だ。右も左も極端に寄ってしまっているが、これが米国のあるべき姿ではない」と述べて出馬を仄めかしていた。

米国の健康管理意識の調査で米国人が留意する健康問題は第一がメンタルヘルス（54％）なのである。この数字は深刻である。精神的な病《やまい》への関心度が、ガン、肥満症、ストレス、コロナを超えており、米国人が精神的に病んでいる事実を如実に表している。

2023年8月23日、共和党予備選に「立候補を表明した」8人の候補者がFOXテレビ主催の討論会で激しい論戦を繰り広げた。トランプは「ドングリの背比べにでても意味が無い」として欠席した。デサンティス・フロリダ州知事、ペンス前副大統領、ニッキー・ヘイリー元国連大使ら、これまで有力と予測された候補者をいきなり飛び越え起業家のラマスワミが目立った。

ラマスワミは「アンチWOKE」（第四章で詳細）で突如、保守陣営の人気者となり、勢いをつけて立候補を表明し、異様なブームを作り出した。かれはペンス、ヘイリーの支持率をこえてデサンティスを追う3位という番狂わせがあった。10月下旬、ペンス前副大統領は「世代交代」を訴えて予備選から降りた。この保守票はニッキー・ヘリー（元国連大使）に流れる。11月にはトム・スコット上院議員もレースから降りた。

トランプ前大統領はタッカー・カールソンの番組に出演して次のように述べた。

「バイデン大統領は、ひねくれ者。本当にひどい。我が国史上最悪の大統領だ。彼は肉体的というより精神的に悪いと思う。これまでの大統領の中で最も腐敗しており、最も無能な大統領でもある」

筆者はバイデン当選直後の2020年12月に『バイデン大統領が世界を破滅させる』（徳間書店）を上梓しており、トランプの指摘は「なにをいまさら」という気がするのだが……。

タッカーはバイデンと中国との関係について切り込んだ。トランプはこう答えた。

「バイデンは、中国と妥協している。中国人は彼のことをよく知っている。バイデンは満州出身の候補者のようだ（中国に優しいから判断を誤るのだ、という意味）。バイデン政権には例外的に非常に賢い人々もいるが、総合的にみれば『ファシスト』であり、『極左の狂人』、かれらは米国を破壊している」。トランプは分裂社会となった米国を再建すると言っている。それが可能か、どうか。

「それならいまの米国は南北戦争か？」とカールソンが突っ込んだ。トランプは首肯し、次のように続けた。「見たことのないレベルの情熱がある一方で、『彼ら』には私が見たことのないレベルの憎悪がある。『情熱と憎悪』はおそらく悪い組み合わせだ」

## 副大統領候補としてのニッキー・ヘイリー

争点別でトランプに得点があがったのは（1）不法移民対策（2）犯罪対策（3）経済政策（4）米中関係（5）銃（6）ウクライナ戦争だった。マイナスとでたのが（1）気象対策（2）中絶（3）ヘルスケア（4）民主主義（5）社会保障ならびにメディケア（6）教育などだった。

ＦＯＸニュースの世論調査（10月14日）による共和党候補の支持率はトランプが59％で首位を独走している状況は変わらない。猛追してきたデサンティス・フロリダ州知事は13％と大きく後退し、３位にラマスワミを抑えてニッキー・ヘイリー元国連大使（前サウスカロライナ州知事）が10％を獲得した（９月調査では５％だった）。ちなみに４位ラマスワミが７％、５位ペンスは４％、６位にクリス・クリスティが３％、残りは泡沫扱いになる。この支持率に衝撃を受けてペンスは予備選から降りた。

ニッキー・ヘイリーはＬＧＢＴ、不法移民排除、大学授業料減免反対、ウクライナ、イスラエル問題でまったくぶれない姿勢が共和党の保守派に好感された。とくにニュー・ハンプシャー州とオハイオ州が共和党候補を決める予備選の緒戦地。ニッキー・ヘイリーは両州で６６０万ドルを集金した。

他方、「期待の星」といわれてきたデサンティスは２００万ドルそこそこ（ニッキーはニュー・ハンプシャー州では２位だった）。

ニッキーは11月以降、多くの州で２位につけており、共和党保守陣営を固め、ペンスに替わって次の副大統領候補として、トランプと組む可能性が高いと予測される。

## さようなら、ネオコン軍団

トランプがイデオロギー的に嫌うのはネオコン（新保守主義）で、第二次トランプ政権が誕生となれば政権周辺から徹底的に排除するだろう。

閣僚は長官、副長官、次官、次官補まで上院の承認が必要で、およそ400名の高官が揃うのは2025年4月頃になる。25年1月に発足するトランプ第二次政権はさしあたって指名承認の必要が無い補佐官がホワイトハウスを指導することになる。ともかく政府高官主要人事にトランプはネオコンとグローバリストを徹底排除するだろう。

米国政治でネオコンの理論を率いるのはビル・クリストルだ。ビルはネオコンの理論誌『ウィークリー・スタンダード』の編集長・アーヴィング・クリストルの息子。〝ネオコンのゴッドファーザー〟と言われたユダヤ人理論家が父親で元トロッキストだった。過激な共産主義ドグマで固まった一群の活動家がネオコンを率いているのだ。

ビル・クリストフはレーガン政権の教育長官だったウィリアム・ベネットの首席補佐官をつとめ、ブッシュ・シニア政権ではダン・クエール副大統領の首席補佐官。以後、シンクタンク「米国新世紀プロジェクト（PNAC）」の議長。08年にはジョン・マケイン共和党大統領候補の外交政策アドバイザーを務めた。共和、民主をとわず常に権力に寄り添って大きな影響力を持続していた。

このネオコン軍団がバイデン政権に潜り込んで強い政治力を発揮し、戦争継続のために200万ドルの広告キャンペーンを開始した。共和党のなかにはウクライナ支援の声が萎み、議会では「これ以上の支援はいかがなものか？」とする懐疑論が以前には比べようもないほど大きくなった。

ビル・クリストルはネオコンの影響力を維持するために常に新しい政治団体を創設し、募金の母胎としてきた。クリストルの「反トランプ」という組織は「ネヴァー・トランパー」と呼ばれ、トランプを目の敵としている。広告キャンペーンはテレビ、オンラインで配信され、大統領候補者討論会でテレビスポットが放映された。

他方、同じ企画で「世界を動かすユダヤ人50人」という『エルサレム・ポスト』の調査結果は歯牙にもかけない。同紙は世界的影響力があるメディアで、むろんイスラエルでは最大部数を誇る。

このランキングで異変が起きた。

23年9月13日に発表された同紙の「2023年版　ユダヤ人50人」のトップは「オープンAI」CEOサム・アルトマン、2位はネタニヤフ首相、3位はブリンケン米国務長官だった。「えっ?」。前年トップだったゼレンスキー（ウクライナ大統領）が漏れている。代わりにワグネル傭兵部隊の故プリゴジンが52位にランクされるというアイロニカルな珍事。プリゴジンは父親がユダヤ人である。ゼレンスキーのイスラエルにおける不人気は彼がユダヤ教からカソリックに改宗したことが最も大きい。日本人にはこの改宗問題の深刻さがよく理解できない。

ウクライナ国内ではユダヤ人問題が、表には出ないが深刻かつ重要な問題である。欧米では表立っての議論を避ける。

ましてウクライナ戦争では、カソリックが信者獲得攻勢をかけている。濃厚な宗教戦争の側面があり、ゼレンスキーがユダヤ教からカソリックに改宗したことは、ユダヤ人社会から見れば大問題である。イスラエルの定義ではユダヤ教の信者でユダヤ人の母親から生まれた人以外はユダヤ人と認めない。

問題はまだある。ゼレンスキーの胴元として知られた財閥のコロモイスキーの暗躍ぶりだ。ウクライナ国家治安局（SBU）は、9月にイーゴリ・コロモイスキーを逮捕した。

支払書類詐欺、資産を不法に横領する職権乱用、マネーロンダリングの罪で起訴した。かれはウクライナの他、ポルトガル、キプロスと三重国籍を持つユダヤ人である。この逮捕劇が象徴するようにウクライナ国民にとって潜在的な反ユダヤ感情を見落としてはならない。

## 米国はNATOから脱退？

さて近未来予測である。

2025年1月、大統領就任式を終えてトランプがホワイトハウスへ入ると、まずウクライナ問題で何をやるか？

モスクワへ飛んでプーチンと直談判におよび強引に停戦に導くだろう（プーチンは逮捕状がでているのでICC〈国際刑事裁判所〉加盟国へでかけられない）。

キエフは米国の支援が打ち切りとなれば継戦能力を失うから米露が合意すれば、追従せざるを得なくなる。となるとゼレンスキーは立場を失う。欧米では既に「ゼレンスキーは過去の人」という評価がでている。

NATOは主導権が米国に握られている以上、不承不承納得せざるを得ないだろうし、じつは欧州の指導者の多くも、本音ではトランプの手腕に期待しているところがある。ただしトランプの信念は米国ファーストであり、「同盟国は防衛分担費用を増やせ」と一貫して唱えてきた。この政治姿勢から予測できることは、米国のNATOからの脱退である。NATO諸国は、そのことを心得ており、マクロン仏大統領は早くから独自の欧州軍を構築すべきと唱えていた。

トランプ前大統領は米週刊誌『NEWS WEEK』（2023年7月31日号）に寄稿して次のように述べた。同誌がこっぴどく批判してきた前大統領にページを提供すること自体が異例である。

「ロシアのウクライナ侵攻は、政敵の大統領就任阻止を狙って扇動された一面がある。私が築き上げてきたロシアとの良好な関係の代わりに、ロシアゲートの残煙によって煽られ、ついにはロシアとの代理戦争となった。ウクライナは完全に荒廃しており、夥しい犠牲者がでた。第三次世界大戦に陥る可能性は十分にある。私を貶《おとし》めるためのデマが米国にもたらした破壊は計り知れない。民主主義を破壊し、私たちの安全を脅かし、自由を危険にさらした。ロシアとの緊張を緩和すべき重要な瞬間に、デマが集団ヒステリーを煽り、ロシアを中国の手に引きずり込むのに役立った。私は大量の不法移民を阻止し、グローバリストのいう貿易協定を終了させ、我国を共産主義中国へ売り渡す試みに終止符を打つ。終わりのない対外戦争へのネオコン中毒を断ち切る。政府の上層に存在する『ディープステート』が『ロシアゲート』なるデマをまき散らした。私が祖国の裏切り者だという巨大な嘘に基づく大規模な偽情報キャンペーンと無法な迫害が3年間続いた。わたしは彼らを殲滅《せんめつ》する」。

## 過激なリベラル派の候補＝ギャビン・ニューサム

『ニューヨーク・タイムズ』と並ぶ極左メディアの『ワシントン・ポスト』とCNNとの合同世論調査ですら、トランプがバイデンを10％引き離している。左寄りのハーバード大学CCESの直近の調査ですら28州ｖｓ22州でトランプの勝ち。

他社の世論調査をみても、バイデンがトランプに勝っているところはない。1社もない！

1984年選挙はレーガンの地滑り的な再選だった。結果はレーガン勝利が48州ｖｓモンデールが2州という史上稀にみる共和党の大勝だった。モンデールが勝利したのは自らの選挙区ミネソタ州（それも1％の差も無い僅差）と極左の巣窟ワシントンDCだけだった（モンデールはその後、駐日大使）。

もし明日が投票日となればトランプ圧勝は42州ｖｓ8州くらいだろうか。

２０２４年選挙でバイデンが勝てそうなのは首都DCのほか、地盤のデラウェア、それにNY、カリフォルニア、ペンシルバニアくらい？　自動車労組のストライキで判明した珍事は、民主党支持だった労組がバイデン批判に転じた。となればイリノイ州、ミシガン州をもバイデンは落とすだろう。

こうなると民主党で出馬準備を密かに始めたのがギャビン・ニューサム（カリフォルニア州知事）である。

23年10月16日の米中首脳会談の直前、サンフランシスコ空港に習近平皇帝を「お出迎え」に行ったのは閣僚、連邦議会議員らだった。ところが、イエレン財務長官を差し置いてタラップを降りてきた習近平とまっさきに握手したのはギャビン・ニューサムだった。この光景は是非とも記憶しておきたい。ニューサムは9月にも抜け目なく訪中し、習と会見を果たしているほどの親中派、バイデン不出馬を待ち望んでいる民主党の潜在的有力候補である。

12月1日のFOXニュース番組でニューサム知事は2024年への立候補を訊かれ、「ありえない。バイデン大統領が再選をめざしているのだから、それへ向かって努力すべきであり、順当にいけば、次はカマラ・ハリス副大統領でしょう」と惚《とぼ》けた。

ニューサム知事は「民主党の秘密兵器」とされ、バイデンがこけたら彼が民主党公認候補となって2024年大統領選挙に挑む可能性が高い。ニューサムはサンタクララ大学卒業、仕事でワインショップ経営。2003年にサンフランシスコ市長に史上最年少で当選し、全米の注目を集めた。そしてカリフォルニア州知事に挑み、現在、2期目。ゲイパレートに参加し、同性婚を認めるなど、過激なリベラル路線は、カリフォルニア海岸部（大都市はすべて海岸部）の住民にはうけるが、ほかの農業地帯、山間部などは「ニューサムNO」だ。

ニューサムは『CITIZEN VILLE』（「市民の邑《むら》」）という著作を著しており、「デジタル技術をうまく政治に活用すれば、対立をさけ、政治は円滑化する」などと曖昧なことを主張している。言外にニューサムは「出馬する」と示唆しているのである。バイデンでは、もはやトランプに勝ち目がない。そのうえ放蕩息子ハンター・バイデンの起訴にくわえ、下院ではバイデン弾劾の審査が始まる。ニューサムは手に汗を握りながらバイデンの不出馬宣言をじっと待っている。

## なぜトランプは「救世主」として迎えられるか

なお、トランプ圧勝という予測が覆るシナリオは3つある。

第一は暗殺である。

カエサル以来、政治に暗殺はつきもの。日本でも蘇我入鹿から織田信長、大久保利通、伊藤博文、安倍晋三そのほかと枚挙に暇が無い。米国ではリンカーン、ジョン・F・ケネディ、そしてレーガン暗殺未遂があった。トランプ暗殺未遂は現職時代の大統領宛の手紙の便箋に、毒性がもっとも強いリシンが塗り込められていた。この犯人は23年8月に判決がでて22年の禁固刑となった。

第二がコロナと同等か、それを凌駕する新しい感染症の蔓延である。

第三が出鱈目な裁判でトランプの有罪判決を早める場合だ。ディープステートはウクライナ戦争以来、ネオコンが主導しており、この米国の裏勢力は何をしでかすか、メディアとＦＢＩとＣＩＡならびに司法省をかれらが牛耳っているので不気味である。ましてテレビ、ハリウッド、司法界、ウォール街はユダヤ人が牛耳る。

どんな手段を講じてでもトランプの当選を阻止するだろう。いかなる法律に照らしても無理筋の起訴を４つも繰り返しながら左翼司法界がトランプ選挙を妨害している。

にもかかわらず何故トランプ優勢になったか。むろん、バイデンの無能無策の所為である。

第一に米国の分裂は癒やしがたく、少数派の独善と暴走が有権者の反感を生んだ。「古き良き米国」はいまや何処にもない。ＬＧＢＴＱ運動とＢＬＭ、環境保護が象徴する過激派の行き過ぎがある。

多くのサイレント・マジョリティはバドワイザー不買運動のように反「ＷＯＫＥ運動」に立ち上がった。ＷＯＫＥは「意識高い系」という意味があり、ＬＧＢＴなどに理解をしめす企業広告を打つ流行となった。消費者が反発し、総崩れとなった。

第二にインフレに無策でほとんどの家庭が赤字家計に悩んでいるときに１２００億ドルを超えるウクライナ援助とは何事かという鬱積《うっせき》された不満が爆発した。しかもウクライナはロシアに勝てないのに左翼メディアはウクライナが快進撃を続けていると、嘘放送を流してきた。このため国民のマスコミ不信も増大した。

第三にローン返済に追われているのにＦＲＢは金利を上げ、返済が滞ったことへの怒り。具体的に言えば学生ローンの負債は１・57兆ドル、クレジットカードの借り入れ、住宅ローン、車のローンが重なり家計の負債合計が17兆ドル（２５００兆円）を超えて米国ＧＤＰとほぼ同額の借金地獄に陥っている。

失業は目に見えて増え、ホームレスが町を彷徨《うろつ》き、そこに不法移民がどやどやと這入り込んで、治安が悪化した。普通のおばさんでもピストルを持ち歩く。こんな国に誰がしたのだ？

バイデンが不法移民に寛大な措置を講じたからである。略奪事件、集団万引きが激増し、バイデンが就任した２０２１年に被害総額は14兆円、22年には17兆円！　まじめな小売業者は強盗と万引が頻発したため廃業に追い込まれた。

第四に不法移民対策の予算超過問題だ。とくにテント村などの建設費用、１日３食の給食提供など膨大な出費と治安悪化への不安。そのうえ不法移民に紛れて麻薬集団が持ち込むフェンタニルなど麻薬被害が挙げられる。すでに中国製のフェンタニル（隠語で「チャイナガール」）で死んだ米国人は11万人を超えた。狂気の沙汰である。

第五に無条件のイスラエル支援である。まして10月19日にオーバルルーム（大統領執務室）から行った演説は、（1）ウクライナに614億ドル（2）イスラエルに143億ドル、（3）インド太平洋に74億ドル、（4）パレスチナを含む人道援助に92億ドル（5）米南部の国境警備に136億ドルなどと合計1059億ドルの巨額要請だった。下院議会はこの時点で議長選出ができず、審議は後回しとなった。

米国人の多くはユダヤ人が嫌いである。正面切って云うと差別と攻撃されるし、メディアとハリウッドとアカデミズムをユダヤ人が押さえているため、反ユダヤ感情はほとんど表に出なかった。日本のメディアで、こうした意見が出ないのは何故か？　デープ・スペクターもドナルド・キーンもエズラ・ボーゲルもユダヤ人で、少数意見をあたかも多数意見のように代弁しているからではないか。

ハマスの奇襲とイスラエルの反撃は深い関心があるが、注目するべきは全米各地でパレスチナ支援集会が開催されていることだ。従来の外交姿勢にすら反対の国民が急増している実態をどう理解すべきか。

トランプは「1100万人の不法移民を強制送還する」と発言している。だからトランプが「救世主」の印象で迎えられるのだ。

## 「戦争屋と共産主義者を追い出す」

2023年6月10日、トランプ前大統領はノウス・カロライナ州で開かれた共和党集会で、「われわれは最後の戦いに直面した。ディープステートを米国から消し去る」と声高に宣言した。この集会にはデサンティス（フロリダ州知事）とペンス前副大統領も顔をそろえた。

「米国は失敗した国家、衰退しつつある国となった。そのうえ『極左の狂人たち』は法執行機関を利用して私たちの選挙を妨害しようとしている。彼らは腐敗しており、許すことはできない」。

ここでちょっとしたジョークを挟んだ。「ひとつだけよいことがある。起訴されるごとに私の支持率が上がっている」（場内爆笑）。

ABCの世論調査では「米国人の47％がトランプ起訴を政治的動機の基づくもの」と判断している。

トランプは同集会で語気を強めた。「私たちはディープステートを破滅させ、『戦争屋』

を政府から追放し、『グローバリスト』と『共産主義者』を追い出し、国を憎む病んだ政治階級を追い払う」

すっかり米国の政治用語のなかに「ディープステート」が定着した。そして「戦争屋」＝「グローバリスト」＝「共産主義者」がセットになって語られた。

日本のメディアはこの正反対の評価をしており、戦争屋＝トランプ、共産主義者＝中国共産党、グローバリスト＝改革派と勘違いしている。戦争屋とは歴代民主党政権、中国はとうに共産主義を捨てた強欲利権政権、グローバリストが世界経済を破滅に導いた。

ディープステートは戦争を煽り、国境を破壊する。グローバリズムは共産主義と変わらないとトランプが語りかけているのだが、多くが拍手している。実態はもっと複雑系でネオコンの内部でさえ対立があるが、そういう些末《さまつ》な分析は政治集会には必要がない。

トランプ前大統領は、「我々はフェイクニュースのメディアを駆逐し、ＲＩＮＯの実態を暴露し、ジョー・バイデンを倒し、米国をこれらの悪者から完全に解放するだろう」と述べた。ＲＩＮＯとは「Ｒｅｐｕｂｌｉｃａｎ　ｉｎ　ｎａｍｅ　ｏｎｌｙ」の頭文字を取ったもので「名前だけ共和党」の意味である。マッカーシー前下院議長もＲＩＮＯと云われ、共和党内の造反議員たちの議会戦術によって解任された。

かつてのブッシュ・ジュニア政権がそうだったように政権内部にネオコンが陣取り、軍産と組んで世界に戦争をまき散らし、それをオバマが引き継ぎ、昨今はバイデンが展開してきたと解釈する。

トランプの政治信条の原点は不介入主義である。モンロー主義（外交的孤立主義）に通じる特色があり、他国のことにかまけるより国内を優先せよという考え方だ。それゆえウクライナへの過度の介入を抑制し、イスラエルへの全面支援政策を大きく後退させるだろう。その正反対の立場がグローバリズムだ。

ディープステートは共和党内にもいるので「党内の敵」とも闘うとし、トランプ起訴という左翼からの選挙妨害は「かれらの陰謀だ」と位置づけるのである。このあおりで党内でトランプ批判の急先鋒だったミット・ロムニー上院議員も引退を表明した。

トランプが直面するのは、ディープステートが執拗にしかけるであろうトランプ路線への妨害、失脚を意図しての陰謀である。

かれらの陰謀がみごとに成功した例はニクソン辞任劇だった。

タッカー・カールソンはFOXニュースの現役時代に「ニクソン追放はディープ・ステートが仕掛けた。JFK暗殺はCIAだった。バイデンはこの国を破壊している」とした

（23年1月20日）。

タッカーはこう続けた。「ウォーターゲート事件は海軍軍人だったボブ・ウッドワードが、なぜかワシントンポスト記者となり暗号名『ディープスロート』を名乗る密告者から機密文書を渡されてウォーターゲート事件を暴露しつづけ、ついにはニクソンを追放した。『ディープスロート』はなんとFBI副長官のマーク・フェルトだった」。

FBIがニクソン追放の黒幕だった。フェルトはFBI長官昇任確実だったのにニクソンが他の人間を指名したため個人的恨みがあったらしい。フェルトは晩年、呆けが激しく、05年5月に自らディープスロートだったと告白した。ニクソンは彼が機密漏洩の犯人と知っていた。

## ウクライナ戦争への関心は、かなり薄れた

2017年のトランプ政権初期、「かれら」はマイケル・フリン安全保障担当補佐官に的を絞り、FBIしか知らない機密情報を漏洩してフリンを葬った。2024年大統領選挙に向け、「かれら」はどんな手を使ってでもトランプ再選を阻止するだろうし、その策

謀は水面下で続行中だ。

2016年の大統領選挙では、共和党の有力筋であるチェイニー元副大統領やアーミテイジ元国務副長官らが、あろうことか政敵ヒラリー・クリントンを支援した。2023年にはディック・チェイニー元副大統領の娘が共和党内の反トランプ勢力の糾合を試みたが盛り上がらず、RINOは少数派に転落していた。

注目点は「ウクライナ戦争」が選挙の争点になっていないことだ。米国人のウクライナへの関心は驚くほど薄い。単純に「ウクライナが善」だと思い込み、1兆1000億円もの巨額を支援している日本とは異なる。日本のメディアは米国ならびに英国の複写機ゆえに鸚鵡《おうむ》返しで一方的にウクライナに肩入れし、「ゼレンスキー大統領が正義」という立場であるため「もうひとつの情報」がまるで伝わっていない。

米国人の意識調査でもウクライナ戦争の元凶を問うと、「ロシアが悪い」が比較的多数だが、ついで悪いのは米国、NATO、ウクライナの順番である。米国が悪い？　バイデンがロシアを誘導し侵略の誤断をさせた、というのだ。

共和党保守派の多くは「ウクライナ戦争はディープステートが仕掛けた。軍事産業は潤い、ウォール街は金利で稼ぐ。FBIは障害となるトランプに罪をかぶせようと必死だ。

中枢はブリンケン、ヌーランド、サリバンの3人組でバックはジョージ・ソロス。ゼレンスキー大統領は彼らの駒。しかもこれら5人全員がロシア憎しのユダヤ人だ」と認識している。

かつて英国ポンド下落を仕掛けて一晩で10億ドルを稼ぎ出した世界一の投機家ジョージ・ソロスは91歳、3兆5000億円の資産を有する「ソロス財団」（「オープンソサイティ」などの中枢）を息子のアレックスに譲った。アレックス・ソロスは自ら「父より政治的であり、トランプ再選を阻止する運動を展開する」と宣言した。だがそれも束の間、ソロス財団は衰退一途となった。

政治は打算であり、戦争では倫理は二の次である。

日本の地政学的な国益を考えると、日本の敵は明確に中国だから、その背後のロシアを中国と連携させることは最も愚かな選択だ。北朝鮮とは接触さえしないのも外交の初歩を間違えている。しかしバイデン政権下でディープステートの走狗たちがウクライナ政策を決めており、日本は巻き込まれてしまった。

日本としては米国の枠を超えた自主外交（それこそインドやトルコ、ハンガリーが展開している）を志向するべきだが、その裏付けとなる軍事力が決定的に不足している。加えて自虐史観で脳幹を汚染されてしまった国民が多いため「精神」が行方不明だ。
フォーリンポリシー（外交政策）が日本には不在で、あるのは「フォローイングポリシー」（追随政策）のみ。

陸奥宗光が書き残している。

「専政政体は恐怖を原理とする。専制国家では他のどの国家よりも宗教を必要とする。宗教は恐怖に付加された恐怖である」

この「宗教」の箇所をＬＧＢＴ、ＢＬＭ、グローバリズムに置き換えると、すとんと腑に落ちないか。伊藤博文や陸奥宗光や重光葵は泉下で哭《こく》していることだろう。

# 第二章

## 「トランプ・ショック」の第一弾は新ドル札

## 「強いドル」は維持できるか

トランプは「強いドルを維持する」と言っている。「米国・ファースト」の基軸は世界一の軍隊と世界最強の通貨である。「偉大なる米国の再建」とはまさに、それが目標である。

2023年10月23日の債券市場で、米国の10年物国債利回りが16年ぶりに5％を超えた（5・02％）、市場は中東情勢の緊張が理由とした。同国債の8月の利回りは2・92％だった。翌週、日本銀行が追随し、金利1％を容認するとしたが、為替はむしろ円安にぶれた。

米国の債務総額は現在（23年12月時点）で33兆5000億ドル。つなぎ予算という欺瞞的な手法で、赤字上限議論を誤魔化してきた。

トランプが言うように「バイデンは『気が狂った』」。裏付けのない赤字をさらに膨張させ、ウクライナ援助に追加で610億ドル（これまでの合計は1200億ドル）、イスラエルへ140億ドルなど合計1059億ドルの追加パッケージを提示し、議会に承認を求めたが、下院はイスラエル支援140億ドルだけ認めた。

ちなみに粗雑に計算してみると、米国の債務返済の利払いだけで（33・5兆ドル x

5・02）＝1兆6817億ドルになる！　邦貨換算で252兆円が1年間の利息。日本のGDPの40％、日本の予算の2・4倍。天文学的に赤字が膨らみ利払いに追われることとなる（この数式は10年物国債金利が5・02％を前提としているので、変動がある）。

現実に試算すると、米国の国債関連で年間の利払いは3050億ドル（45兆7500億円で日本の2倍）。ところが日本は予算規模が小さい所為もあるが、予算107兆5964億円のうち、「国債費」は23兆3393億円で22・6％を占める。

ともかく米国は赤字体質がますます進行し、ドル基軸体制がまもなく挫折する懼れがある。

## ブレトンウッズ体制がおわり、金本位制が復活する⁉

そこでトランプは「ニクソン・ショック」を超える「トランプ・ショック」を連発するだろう。

米国の軍事大国世界一の座は維持し、偉大なる米国の再建を唱えているのだから、米ドルの世界通貨としての安定を目的とすることは明らかだ。これを脅かすBRICS通貨もデジタル通貨も、とくにデジタル人民元の市場への浸透を許さないだろう。

筆者はトランプと同年齢なので、この世代の時代認識はおそらく共通すると考えている。トランプが25歳のときまで通貨は金にリンクしていた。裏付けのない紙幣なんぞは戦争に負ければ紙くずになる。

しかし1971年12月のスミソニアン合意も束の間、為替市場は変動相場制となって、米ドルの位置はもはやトランプが死にものぐるいで頑張っても衰退傾向を阻むことは容易ではない。

ウクライナ、イスラエルと戦雲が拡大すると、金融危機再来を予知するかのように投資家たちはゴールドの購入に群がった。戦争は通常、ドル高と金暴騰を呼び込む。歴史の原則である。

もしペトロダラー体制が崩壊し、石油が1バーレル＝200ドルを突破すれば、ドルへの信認が薄れるから金決済が主流となる。

（そんな馬鹿な）と思う勿れ。古典経済学では紙幣には裏打ちが必要である。つい半世紀前まで米国は金本位制をとっており、ドルは何時でも金兌換可能だったではないか。

では通貨価値はなぜ変動するのか。金利と経常収支と戦争である。為替が固定相場なら

## 図① 債務増大に比例して上昇を続ける金（ゴールド）はさらに急騰するか?

| 年度 | 米国の債務（百万ドル） | 金価格（ドル@オンス） |
|---|---|---|
| 1970 | 372007 | 35ドル |
| 80 | 863451 | 653ドル |
| 90 | 3051958 | 415ドル |
| 2000 | 5773392 | 283ドル |
| 10 | 12773123 | 1078ドル |
| 20 | 23223813 | 1584ドル |
| 23 | 31457820 | 1982ドル |

## 図② 世界の金備蓄ランキング

| 順位 | 国名 | 金備蓄（トン） | 外貨準備における比率 |
|---|---|---|---|
| 1 | 米国 | 8133 | 69.0% |
| 2 | ドイツ | 3353 | 68.0% |
| 3 | IMF | 2814 | |
| 4 | イタリア | 2452 | 65.0% |
| 5 | フランス | 2437 | 66.0% |
| 6 | ロシア | 2334 | 25% |
| 7 | 中国 | 2092 | 3.4% |
| 8 | スイス | 1040 | 7.3% |
| 9 | 日本 | 846 | 4.3% |
| 10 | インド | 797 | 8.5% |

出典：ワールドゴールドカウンシル、2023年五月速報

7つの中央銀行が金保有を増やしていた。

トルコは通貨リラ暴落とインフレ昂進のため、保有していた金備蓄を取り崩し、2023年春頃までに160トンを売却した。

他方、5月速報ではポーランドが19トン、中国が16トン、金保有を増やした。くわえてシンガポールが4トン、ロシアが3トン、インド、チェコ、キルギスがそれぞれ2トン、金備蓄を増加させた。

とくに中国は5月末で2092トンとなった。中国は2002年から2019年までに1448トンだったから、大々的な飛躍ぶりである。

むこう12ヶ月を展望すると世界の中央銀行のおよそ25%が、金備蓄を増やし、外貨準備における比率を高める傾向にある。例によって置いてきぼりは日本だ。

安心できるという通貨原則論はまったく顧みられなくなった。投資家が金を買うのは紙幣のようにある日突然、紙くずにはならないからである。

1971年8月15日まで米ドルは金兌換だった。ニクソン大統領が金本位制を離脱し、同年12月の「スミソニアン合意」を経て、変動相場制に突入した。その後は「通貨が金融商品」となって投機の対象となった。マネーゲームの決済手段がマネーゲームの金融商品を兼ねた。

手元にドル紙幣をお持ちだったら裏面を見て頂きたい。「この紙幣は金兌換です」とは書かれておらず、替わりに「IN GOD WE TRUST（神を信じるのみ）」という文字の羅列、サインは大統領でもFRB議長でもなく財務長官である。

1974年のペトロダラー体制とは戦後世界経済を規定したブレトンウッズ体制の枠内での地殻変動だった。サウジアラビアとキッシンジャーの秘密交渉で、米国はサウジ王家をまもり、そのために必要な武器を供与する。代わりに石油決済をドル建てとして、さらにサウジは余剰金で米ドル債（米国の赤字国債）を購入するという密約が成立、爾後、米ドルは金本位制を離れても優位を保ち得た。

そのサウジアラビアが11月20日に中国人民元との通貨スワップを締結したと発表した。

死の床にあったキッシンジャーは、このニュースに衝撃を受けたのではないか。

為替相場を決める要因は第一に金利、第二に経常収支、第三が政治状況である。すなわち世界一低金利の日本の通貨が強くなることはない。

為替を固定相場とし、金本位制に戻せば良いと古典的な正論を述べると、変動相場裨益組から猛烈な批判が浴びせられる。かれらが市場の多数派である。

## 二重の通貨体制というシナリオ

「トランプ・ショック」で考えられるシナリオの1つは、『ドル新札』を発行し、その新ドルが金にリンクするという二重の通貨体制である。

笑い飛ばすなかれ、現実に30年前の欧州では、ユーロの妨害を狙って米国が通貨戦争をしかけると真剣に語られたし、当時、長谷川慶太郎が、週刊誌で警告を発し「新ドル札の色も決まっている」とあちこちのメディアに書いていた。

現在の米国議会には、まっとうな論客が存在しており、金本位制復権への顕著な動きがでた。

米連邦議会下院のアレックス・ムーニー議員が「金本位制再現法案」を提出したのだ。

ムーニーはウェスト・ヴァージニア州選出の共和党議員。彼の法案は財務省とFRB（連邦準備制度理事会）は「全ての金保有と金取引を30ケ月以内に公開」を求め、「その後、連邦準備制度理事会のドル紙幣は金との固定相場に移行し、FRBは新しい固定価格で金と交換が可能になる」とするもの。

ムーニー議員は「金本位制の復活がワシントンの無責任な支出、無からのお金の創造という無秩序から米国経済を守る」とし、「貨幣の価値を決めるのは官僚でなく、経済学によって形成される。米国経済は連邦準備制度理事会や無謀なワシントンの消費者に翻弄されることはなくなる」と主張した。

金本位制への復帰議論は1981年にレーガン政権が誕生した直後、「金問題委員会」が設置され当時のジュード・ワニンスキらの論客を呼んで、突っ込んだ討議がなされた。しかし新資本主義とかグローバリズムとかのウォール街が金本位制復帰を「古くさい」と強く反駁し、立ち消えになった。

理論的に言えば通貨は固定制が望ましく為替差損（もしくは差益）は政府が負うのが経済学の基本ではなかったのか。ところが実態貿易の数十倍もの投機資金が為替相場に投入されており、理論ではなく現実をみると、もし為替相場が固定制に戻ると仮定したら猛烈な投機がおこるだろう。伝家の宝刀が抜けなくなったのが現状である。

ドル全面依存の日本は保有する金塊のすべてをNY連銀の地下金庫に預けている。ドルが金本位制へ復帰するというシナリオを考えていないからだ。

為替差益に関して言えば、現在日本が持つ米国債は1兆ドルを超えている。このうち1000億ドル程度を市場で売却すると二重の効果がある。

第一にファイナンスを赤字国債に依存する米国はドルが不安定化し、円高に大きくぶれ、日本には国益となる。第二に1ドル＝100円の時に購入した国債は、1ドル＝150円の円安になったから、1000億ドル売却すれば50兆円の差益を生む。これを臨時歳入とすれば良いのである。

日銀・財務省はひたすら米国の顔色を伺って、このような発想さえないが、はたしてトランプはどうでるか？

この臨時収入で日本は防衛費を増やし、「なんなら第七艦隊と在日米軍を買収できますよ」と言えるではないか。トランプのような自国愛国主義者にとっても朗報、渡りに船となるだろう。

## 一方、ドル基軸体制は終わりつつある

米国メディアが本気で「ドル基軸体制の終焉」を警告し始めた。「ドル基軸体制は終わりつつあり、人民元の台頭に注目しておくべきだろう」とし、専門筋は次の七つの出来事からも推測できると分析している。

第一にBRICS（ブラジル、ロシア、インド、中国、南ア）が揃って自国通貨で貿易相手国との決済を本格化させている。一説に「BRICSコイン」を発行するという将来構想がある。

第二にブラジルが中国との貿易で人民元決済を受け入れた。ルラ大統領は左翼リベラルで親中派である。

第三にインドネシアで開催されたASEAN会議では「西側通貨に依存し続ける理由はなくなった」などと討議された。とくにマレーシアのアンワル・イブラヒム首相兼財務相が「ドルに依存する理由はない」と発言した。アンワルに限らずアジア通貨危機以後、ASEAN諸国はドルの動向に敏感である。

第四にサウジアラビアが「上海協力機構」（ＳＣＯ）に正式にメンバー入りを果たした。ペトロダラー体制の基軸国家だけに米国との姿勢がバイデン以後、ロシアにドローンや大量の弾薬を供給したりして露骨に変化している。サウジ外相とイラン外相は外交関係修復を中国の介入で実現したが、２０２３年4月の初回実務会談でわざわざ北京に出向いた。

第五にロシアのガス輸入の多くがルーブルで決済している。このためルーブルの暴落が起こらず、ガス高騰で悲鳴を上げたのはドイツだった。

第六にインドは自国通貨ルピーでの決済もはじめた。インド経済の興隆はすさまじいが通貨に関しては自国通貨決済を行うことはなかった。

第七にケニアが中国人民元決済を受け入れ始めた。ケニアは鉄道などで中国から巨額の借り入れをしている。ほかにも人民元受け入れの兆しがあちこちで観測されている。

このように世界的規模でのドル離れが進んでいるのは無策のバイデン政権発足以来のこと。「バイデンは気が狂った」とタッカー・カールソン（ＦＯＸニュース）も言い放った。カールソンは辛辣なリベラル批判を展開して、米国の保守陣営でもっとも人気があるコメンテーターである。

金暴騰の動きと人民元の台頭、ドル基軸体制の揺らぎ、これらは次の変動の予兆である。

それゆえトランプ・ショックの連続が近未来に起こりうると考えておくべきである。

## デジタル通貨がまもなく始まる

2020年10月、7つの先進国中央銀行とBIS（国際決済銀行）の共同研究グループは、一般利用型CBDC（中央銀行デジタル通貨）に求められる3つの「基本原則」を公表した。それらは（1）通貨・金融の安定を損なわない。（2）公的・民間マネーとの共存・補完。（3）イノベーションと効率性の促進、となっている。

7つの中央銀行とは日本、カナダ、欧州中央銀行（ECB）、英国、スウェーデン、スイス、そして米国である。

米国FRB（連邦準備制度理事会）のミシェル・ボウマン理事は23年10月17日にハーバード大学ロースクールの「国際金融システム・プログラム円卓会議」で、「デジタルドルの恩恵は不確実であり、銀行セクターに予期せぬ結果が生じるリスクがある」として依然慎重な態度を示した。

したがって「中央銀行デジタル通貨（CBDC）の創設は金融システムと消費者のプラ

イバシーに重大なリスクをもたらしかねず、ＣＢＤＣの潜在的な利点は依然として不透明である。が、決済システム内の摩擦解決などに対して説得力のある議論には出合っていない」とした。

ボウマン理事は23年4月に開催されたジョージタウン大学のイベントでも、「デジタルドルは重大なリスクをもたらし、国民の自由に対する障害となる可能性がある。ＣＢＤＣの決済システムが政治化すればＦＲＢの独立性が損なわれる」と、一貫して反対の立場を明らかにしてきた。パウエルＦＲＢ議長は「最終決定を提出するまでにはまだ長い道のりがある」とした。

こうした米国の遅れとは対照的に欧州中央銀行はＣＢＤＣへの取り組みを加速させており、23年11月から導入実験を開始した。

日本のデジタル通貨への取り組みは米国の動きを見ている。ステーブルコインに関しては発行が可能となった。日本銀行はＣＢＤＣを発行する計画はまだないが、決済システム全体の安定性と効率性を確保する観点から、今環境変化に的確に対応できるよう、準備しておくことが重要であるとして、決定を２０２６年まで持ち越す。

基本はブロックチェーン（分散型台帳）に基づくものとされる。民間のほうの動きが迅速でGMOあおぞら銀行は24年7月から100行連合の第一号実験を始める。中国は過去3年に亘って4都市でデジタル人民元の普及実験を続けているが、詳細な結果報告はない。

トランプは企業経営者でもあり、経済に明るい。経済政策立案に多くのブレーンを集め、意表を突く政策に打って出そうである。

# 第二章

## トランプにとって究極の敵はイランだ

## カウントダウンに入ったイスラエルのイラン核施設空爆

11月1日、米下院は「イランの核武装を容認できない。そのためには必要とされる、あらゆる手段を講じ、将来の核攻撃を回避する」と謳った決議案を可決した。民主党の50人と共和党3人が反対票を投じたが、354vs53の圧倒的多数で可決された。トーマス・マッシー下院議員（共和党、ケンタッキー州）は反対理由として「戦争を呼びかけているように思えた」と述べた。

同決議では、米国は「イランの核兵器取得を阻止するために必要なあらゆる手段を講じるべき」としている。この決議は、

（1）「イラン核イスラム共和国」は容認できない。
（2）イランはいかなる状況や条件下でも核兵器を入手できてはならない。
（3）イランの核兵器取得を阻止するために必要なあらゆる手段を講じる。そして、
（4）そのために、イスラエルを含む同盟国の「行動の自由」を認め、支援すること。

この決議は何を意味するか。

下院決議が法的拘束力はないとはいえ、「イスラエルを含む同盟国の『行動の自由』を認め、支援すること」という文言は、イスラエルが準備しているイラン核施設への空爆破壊作戦を支持すると示唆しているのだ。

トランプは、中東のテロの根源はイランの狂信的宗教指導部によるものと踏んでいる。現職時代に革命防衛隊の司令官を暗殺させたとき、トランプは言ったのだ。「イランの国民ばかりか革命防衛隊に主導権を取られたテヘラン指導部も喜んだ筈だ」。このことからも推量できるように、テロの根源を絶つのがトランプの戦略である。

したがってイスラエルがイランの核施設を空爆するとなると、トランプは軍に側面支援を要請するだろう。

イスラエルのイラン空爆シナリオは過去にも何回か話題となった。

ナタンズなどにある核施設のコンピュータネットワークにウィルスを仕掛け、開発を遅らせ、さらには関与する科学者をドローンなどで殺害してきた。イランは厳重な警戒態勢を敷き、国内にイスラエルのスパイがいると国民に呼びかけてきた。

しかしイラン国民は狂信的宗教指導者に飽き飽きしており、テヘラン政権とイラン国民との間に名状しがたい距離があるのも事実である。イランは米国の制裁のため日本などへの石油輸出が出来ず、おもなイラン石油の買い手は中国である。イランの経済的困窮化に拍車をかけているのがハマスのイスラエル奇襲という構図になる。

## トランプ支持者のマイク・ジョンソンが下院議長に

世界有数のイスラエル諜報機関、「モサド」が最悪の敗北を喫した。ハマスの電撃攻撃を予知できなかった。CIAも事前情報を摑んでいなかった。ハイテク機器に依存した諜報活動はヒューミントに欠陥があった。

2023年10月7日はヨムキップル戦争からちょうど50年にあたり、イスラエルは連休だった。ハマスはいきなり大規模なロケット攻撃を仕掛け、ガザ地区に近いイスラエルの境界線に点在する町村へ部隊を侵入させた。数百人を殺害、多くを人質としてガザへ連れ去った。イスラエルでもっとも被害が大きかったのは音楽祭の会場で270名が殺害された。ロケットはおよそ3000発。いつ、誰がいかなる手段でガザに運び込んだのか？ハマスの資金源は？

イスラエル軍は迅速に反応してガザとの国境に10万人の兵力を配置した。ガザのイスラエルに近い地区を焦土作戦で瓦礫の山として緩衝地帯とし、地上作戦に移行した。予備役は30万人が動員され、イスラエル各地では兵士へ献血キャンペーンを開始した。イスラエル国民は2時間、3時間の長い列に並んだ。

「イスラエルの9・11」に匹敵するとネタニヤフ政権はとなえた。過去4年間に5回の総選挙を繰り返して連立工作ばかりに国内政治のエネルギーを費やしてきたイスラエルでは空気が弛緩していた。一転してこれまでになかった「団結」の空気が溢れた。ネタニヤフ政権の一本化ができたかに見える。

米国が9・11テロの後、振り上げた拳《こぶし》の落としどころがイラク戦争だった。イラクは泥沼化し、次がアフガニスタン、完全な厭戦《えんせん》気分に蔽われた米国はウクライナ戦争に直接関与はせず兵器供与にとどめ、それも長期化すると議会にはウクライナ支援疲れ、打ち切りの声が高まった。

支援中止を呼びかけてきたマイク・ジョンソンが下院議長となった。米国ではマッカーシー下院議長解任のあと、共和党候補者はスカリーズ、ジョーダン、トム・エマーの3人の候補者が途中辞退や、得票数が足りないなどで、下院議長選びは3週間も揉め続けた。10月23日深夜、下院議会は220vs209でマイク・ジョンソンを新議長に選んだ。

トランプは、ジョンソンが熱烈な保守陣営を代表し、トランプ支持者であることからコメントをだして、「誰も彼を否定的にいう悪口を聞いたことがない。かれは良い人間だ」と絶賛した。

マイク・ジョンソン新議長はルイジアナ州選出の連邦下院議員4期目。まだ51歳。ルイジアナ州立大学卒、弁護士をつとめていた。２０１６年のトランプ当選の選挙で、下院初当選した。

中絶反対、ＬＧＢＴの諸権利に反対。同性婚にもちろん反対、大麻解禁にも反対、そしてウクライナ支援の「削減」ではなく「中止」を主張してきた。このジョンソンが議長となったとき、ゼレンスキーは衝撃を受けたという。

米国議会がウクライナ支援削減もしくは中止を言い出した背景には世論の変化がある。ゼレンスキーにうんざりすることに加え、ウクライナの汚職である。政治の腐敗に嫌気がさしたのだ。

「西側からの人道援助物資の3分の1が消えている」と報道したのはウクライナのゼレンスキー政権に近い有力英字紙『キエフ・ポスト』（10月30日）だった。つまりウクライナ国民の間でも汚職と腐敗は常識なのである。

## 「極めつきに不適切」なイスラエルとの交渉

２０２３年10月10日、シリアがゴラン高原にミサイル攻撃を行った。またレバノンに陣取るヒズボラがイスラエルにミサイルを発射した。三方向をイスラエルは敵に囲まれる。と思いきや、10月31日にはイエーメンからも１６００キロを飛翔したミサイルに見舞われ、四方面が敵となった。イエーメンの過激派「フーシ」はイランが背後にいる。

また、ハマスが使用した高性能武器は米国がウクライナならびにアフガニスタン政府軍に大量に供給した武器を密輸したものだと、元ＣＩＡアナリストのラリー・ジョンソンが分析した。米国のウクライナへの武器支援はこの時点までに合計３３０億ドル。スティンガーミサイル、榴弾砲、ハイマース、戦車などだ。

ウクライナ窃盗団も暗躍していた。戦争のドサクサに紛れ、紀元前8世紀から4世紀の国宝級装飾品が盗難にあっていたが、23年10月にスペインで発見され、古物業者等が逮捕されている。

オバマ政権が「正しい戦争だ」と驚くような台詞を吐いて拡大してきたアフガニスタン

戦争は21年8月15日にバイデンが撤退を命じ、各地におよそ70億ドル相当の武器を置き去りにした。ほとんどは爆破、施設を破壊したというが、それ以前にアフガニスタン政府が隠匿し、あるいはタリバンへ横流しした武器が相当数ある。その一部は闇市から世界のテロリストへ流れた。

前掲ジョンソンは、過去2年間に米国からウクライナに注ぎ込まれた数十億ドルの武器と軍事資金に対して「効果的な規制がなかった」と指摘し、イスラエルからウクライナに供給された武器さえも闇のシンジケートからハマスに渡った可能性があるとした。

ネタニヤフ首相は「これは（紛争ではなく）戦争であり、長期化する」と言明した。

米国はただちに反応し、空母を含む海軍艦船をイスラエル近海に派遣した。ひとつの空母打撃群には空中にAWACS（早期警戒指令機）、海底に潜水艦、そして洋上に駆逐艦、巡洋艦、輸送艦で編隊を組むから、どれほどの迅速さで打撃群を編成し、当該海域に到達できるかは、次の台湾有事の際のシナリオ研究に役立つ。戦局展開の注視が必要である。

バイデン政権はさらに二番目の空母打撃群を東地中海に向かわせた。

共和党は「バイデンのイランへの寛大、とりわけ60億ドルのイラン凍結資産解除によって、テロリストたちの資金源となった」（トランプ前大統領、デサンティス知事ら）。「イランは『イスラエルを地上から消す』と云っている」（ポンペオ前国務長官）。

米紙『ウォールストリートジャーナル』は「ハマスとイラン革命防衛隊の事前打ち合わせがベイルートで行われた形跡がある」としてイランの深い関与を報道した。イラン最高指導者は、ハマスによるイスラエルへの奇襲攻撃への関与を強く拒否した。パレスチナ空襲でのイランの役割を声高に拒否したのは極めて珍しい。イスラエル空軍の核施設空爆を懼《おそ》れているからである。

選挙キャンペーンでイスラエル支援を明確にし、劣勢挽回を狙ったのが、バイデンのイスラエル訪問だった。直前にブリンケン国務長官は2回もイスラエルへ飛んだ。11月にも2回、短時日に4回もイスラエル訪問をこなした。

しかしバイデン・ネタニヤフ対談の成果はゼロに近い。ガザへの人道回廊の構築、食糧、飲料水、医薬品供与のために米国は緊急に1億ドルの援助を決め、イスラエルは「かならずハマスの手には渡らない」という条件を付けて了承した。

トランプはこのバイデン政権の遣り方を「極めつきに不適切だ」と批判した。これには共和党内部からも批判が出た。トランプはエルサレムに米国大使館を移動させるなど、顕著なイスラエル支援外交を展開してきただけに、このタイミングでの政治的発言には何か他の意図があるのだろう。

その後、全米各地ばかりか欧州でもパレスチナ支援集会が開催され、とくにパリでは暴動となったが、これはパレスチナ活動家が組織したキャンペーンである。そしてトランプは発言した（11月4日）。「イスラエルをこの世から消し去れと喚《わめ》いている過激派を米国に入国させてはならない。取り締まりを強化せよ」と。

## ハマスの表の顔、裏の顔

ハマスが資金的に裕福な理由は表の看板を社会事業、慈善活動においているからで、これを名目にアラブ諸国の財閥から寄付を募る（事実上の「みかじめ料」）。ハマスがガザを実効支配している背景はこうした社会活動によって学校や難民救済をしてきたため庶民の人気を得た。

これはレバノンのヒズボラも同様、したがって表の活動を評価する人は裏で軍事組織を持つという真実の顔を知ろうとはしない。だから西側ですらハマス、ヒズボラに同情が集まる。そのうえヒューマニズムに立脚してパレスチナ人は可哀想だ、イスラエルは傲慢だという論理が構築された。日本の主要メディアは、こうした左翼の政治宣伝の影響下にある。

このほかにハマスが資金源としてきたのがビットコイン、イーサリアムなど暗号資産取引での詐欺、窃盗である。被害地のひとつがインドだった。デリーとアーメダバードが拠点で、モサドとインドの諜報機関が2021年から内偵の結果、40億ルピー（邦貨換算＝72億円）が口座からの巧妙な盗取でハマスの口座に入金されていたことがわかった。

被害額はビットコインがおよそ6・2億ルピー、イーサリアムが9・7億ルピーと、ビットコインキャッシュが2・4億ルピー（1ルピー＝1円80銭）だった。世界のテロリスト団体で資金が豊富なヒズボラが11億米ドル、タリバンが8億ドル、ハマスが7億ドル、アルカイダが3億ドル、ISは2億ドルとなっている。

イスラエルに進出しているグローバル企業はおよそ500社。米国企業が多く、インテルはイスラエルに半導体工場をもち、またイスラエルで日本車といえばスバルである。イスラエルにオフィスや工場を置く日本企業は92社、三菱商事、三井物産、伊藤忠をはじめ、キヤノン、NTT、楽天などが進出しているが、ハマスの攻撃地点とは離れたところにある。またイスラエル企業と提携する日本企業は42社が登録されており、主な会社はソニーグループ、日立製作所、日本電気、富士通、楽天グループ、オリックス、住友商事など。

イスラエルはハイテク関連やソフト開発が盛んな国だが、同時にキブツの伝統がある農業大国だ。人口950万人の多くがロシア、ウクライナを含む旧ソ連圏とエチオピアなどからの入植者で、農業技術者が多い。

## トルコも反西欧に舵を切った？

NATOの枢要なメンバー、NATO海軍本部はトルコのイズミールである。そのトルコが公然と欧米に叛旗を翻し、反イスラエルの立場を表明した。アンカラ駐在のイスラエル大使は召還された。

日本のメディアは看過しているが、これは大事件である

2023年10月29日、トルコは共和国建国100周年を迎えた。愛国主義が盛り上がる。エルドアン大統領はガザの紛争のためイスラエル訪問をキャンセル。反イスラエル・パレスチナ支持集会で演説をおこなった。

徐々にイスラムに復帰し、トルコ全土の大学にもモスクを建立したのがエルドアンの静かな反西欧との闘いだった。

エルドアンは演説で「100年前、パレスチナはオスマントルコ領の一部だった」とまず復古調でかつての民族の栄光を讃え始めた。ついで「ハマスはテロ組織ではない。イスラエルよ、どうやってここに来たんだ? 君は占領者だ。国家ではなく集団だ。欧米は君たちに借りがある。そして我々は君たちに何の借りもない」と言ってのけた。「世界に拡がるチュルク(トルコ系)はクリミアからカラバフまで、ボスニアからキルクークまで、パレスチナからトルキスタンまで、アフガニスタンからチェチェンまで、我々は多くの地域同胞の悲劇と苦しみの涙を流す。西側諸君、十字架と三日月の間で戦争をしたいのか? イスラエルはこの地域の駒にすぎず、時が来れば犠牲になりうることは誰もが知っている」と演説は昂奮気味となった。

エルドアンは続けた。「イスラエルは100年前の英帝国主義の尖兵であり、1920年代にはユダヤ英国人総督が置かれた。ボリシェビキからシオニストまで過激なユダヤ人が入植しユダヤ人総督は随意契約により高値でユダヤ人と契約する。アラブ人の地主から買収した土地からはパレスチナ人の小作人は追い出される。

ユダヤ人は人口の5％に満たないのにヘブライ語が公用語化されようとする。パレスチナ人は総督府の仕事を失いユダヤ人が後釜にすわる。アラブ人から絞り上げた税金がユダヤ人に使われる」

第一次世界大戦でアラブの領土を失い、その後のイスラエル建国の経緯を知るトルコだけに、西欧の二重基準には腹を据えかねるところがあるのだろう。この激越なエルドアン演説は政府の公式記録からは削除されている。しかし中東の安定はトルコの変心で大きく遠のいたことにならないか。

サウジアラビアは米国の根回しで、じつはイスラエルとの国交樹立寸前の状況にあった。ハマスのテロは、この動きもぶちこわした。

## トランプなら両天秤でコントロールするはず

バイデン政権は断固としてイスラエル支持である。

ならばトランプならどうするか。

「わたしがホワイトハウスにあったとき中東は平和だった。いまも大統領だったら、このような事態は起きなかった」とトランプは自信に溢れる発言をした。

イスラエル支援についてトランプは在任中に米国大使館をエルサレムに移転させるほどの熱意があったが、基本的考えはモンロー主義に近いから、直接的な軍事的介入を避けるだろう。

また女婿のクシュナーはサウジアラビアに食い込んでいる。ましてトランプ支持層にユダヤ人が滅法少ない。献金も少額で在米ユダヤ人の70％は民主党支持である。つまり政治打算を勘案すれば、トランプがイスラエルとハマスの紛争でイスラエル側を全面支持に踏み切るというシナリオは描きづらいのである。

ハマスのイスラエル奇襲直後、ＮＹのタイムズスクエアには、イスラエル支援とパレスチナ支援の両派が旗を掲げて睨み合った。世論は割れた。1週間後、米国ですらパレスチナ支援派のほうが活発な活動を展開するように変化していた。

米国で最初のパレスチナ支援集会はハーバード大学、ついでコロンビア大学。10月14、15日にはＮＹ、デアボーン（ミシガン州）、ロスアンジェルス、首都ワシントンで数百、数千の在米アラブ人がハマス連帯の旗を掲げた。「振り向けばパレスチナの旗」だった。

オランダではアムステルダム、英国はロンドン、エジンバラ、グラスゴーなど。アイルランドはダブリンで、イタリアはタリンで、スイスでもジェネーブで、豪州はシドニー、そして韓国でも数百から数千人が集まった。

首都ワシントンではユダヤ人の一部が「戦争をすべてのユダヤ人が支持していない」とプラカードを掲げて集会を開いた。画像からみるとユダヤ原理主義のセクトのようだ。

イスラム圏ではマレーシア、インドネシア、モロッコはラバトで数万人が集まるなど各地で大規模なパレスチナ支援集会とデモ行進があった。ロシア、中国では大きなデモは起きていない。西側の抗議活動が行われた場所は、いずれもアラブ人のコミュニティが存在する。イスラエルはアルジャジーラのエルサレムオフィス閉鎖を検討し始めた。

問題は組織力である。数千の旗、デモ用の宣伝カー、横断幕、印刷されたプラカード。どこか人工的な、テレビカメラ向けの演出を効果的に狙っている。組織の企画力と動員力がなければ、これほど短時日裡に政治活動を組織化できるものではない。まして資金をどうしたのか？　西側が気付かないうちに地下ネットワークが構築されていた。

次に彼らは外国で爆弾テロなど実力行使にでる懼れがある。世界の攪乱である。げんに10月中旬にはブラッセルで爆弾テロが発生し3人が死傷した。11月19日、イエーメンの過激派「フーシ」が日本郵船の貨物線を拿捕した。連続して世界の何処かで、大規模なテロ事件か凶悪な事件が起こるだろう。

## エジプトから賄賂を取っていた民主党議員

汚職はどの国の政治家につきものだが、米国の腐敗も凄い。これが中東政治をややこしくしているのだ。

イスラエル問題のもうひとつ重要な国＝エジプトをいかに扱うかが米国外交の大きな要素となる。エジプトはガザに隣接し、秘密のトンネルが多数存在するうえ、シシ政権はともかくとしてエジプト国民はパレスチナ支援組が圧倒的である。

ガザの地下トンネルは総延長500キロにも及ぶ。このトンネル内部に司令部があり、ロケットが隠匿されているのだ。10月下旬からイスラエル軍は戦車隊をガザに投入し、人質救出とテロリスト殺害のローラー作戦に移行した。トンネルの場所は偵察衛星から空気孔の発見でわかる。トンネルに投入するのは無人探査機、赤外線探知ロボットなど、いかなる最新鋭ロボット兵器を投入したかは当面公表されることはない。

このようなタイミングで、エジプトから巨額の賄賂をとっていた米国の上院議員が起訴された。

9月22日、ニューヨーク州連邦地裁大陪審はボブ・メネンデス上院外交委員長とその妻を収賄などの容疑で起訴した。メネンデス上院外交委員長は、エジプトのビジネスマンから便宜をはかることと引き替えに金塊や多額の現金などを受け取っていた。FBIの6月の捜査で現金や金塊が見つかっていた。金塊の一部は妻の銀行の貸金庫にあった。

メネンデス議員の起訴は2015年の汚職事件についで2回目である。このときは捜査の立証が完全に成立せず、有罪から逃れた。

今度は1年におよぶFBIの内偵の結果の起訴である。メネンデスの自宅から48万ドルの現金と10万ドル相当の金塊、メルセデスベンツなどの高級車が賄賂の証拠として押収された。まさに民主党のカネ好き体質を象徴するようで、「外交委員会委員長」の特権的ポストが虚栄のシンボルに映る。「ミニ・バイデン」か。

米国のエジプト援助は年間13億ドル前後、イスラエル援助とは比べものにならないとはいえ、この援助審議のキーパーソンがメネンデス上院議員だった。かれは地元でも評判が悪く、「金塊ボブ」とか「腐敗男」と言われ、「ニュージャージー州は貧しくなったが、奴は豊かになった」と言われていた。

起訴事実を否定したメネンデス上院議員は「外交委員長のポストを容疑が晴れるまでおりる」とし、代理をベンジャミン・カーディン上院議員（民主党、メリーランド選出）が務めている。

メネンデスはキューバ移民の子、セント・ピーターズバーグ大学に学び１９８６年にユニオンシティ市長、92年下院議員、２００６年から上院議員。ヒスパニック系議員として初めて外交委員長をつとめ、とくにトランプ政権時代には鋭く対立した。

バイデン政権下ではウクライナ支援外交を舵取りしてきたが、共和党の反対で審議が遅れてきた。この事件でウクライナ支援追加予算は否決された。エジプトに飛び火し、シシ大統領への批判が吹き荒れ、街には「シシ辞めろ」のデモ。なぜならメネンデス上院前外交委員長は、エジプトの代理人から巨額の賄賂を受け取っていたからだ。

バイデンは13億ドル前後のエジプト援助のうち、２億３０００万ドル分を停止し、「シシ大統領はトランプのお友達」と言い出した。バイデンは身内の醜聞をトランプ批判とすり替えて、この問題の本質をはぐらかそうとしている。

シシ政権は就任以来10年近い。民主化運動「アラブの春」の余波で２０１１年にムバラク政権が打倒され、「ムスリム同胞団」系のムルシ氏が当選したことがあった。政治混乱は続き、当時国防相だったシシが軍事クーデターを主導し、2014年の選挙で大統領に当選した。「アラブの春」を仕掛けたのは当時の米民主党政権であり、一連の舞台裏が繋がって、「強い絆」が民主党との間にできていた。

さてトランプはどうでるか？

なにしろトランプはネタニヤフ首相を批判し「約束を破った」などと詰《なじ》った。基本はイスラエル支援だが、その姿勢は民主党とは大きく異なる。あまつさえトランプ支援のユダヤ人は一握りしかいない。

# 第四章

# 米国の分裂と衰退は不可避的

## 架空のスキャンダルをでっち上げるFBI

米司法省とFBIはグローバリズムの前衛、バイデン政権の走狗に成り下がったと多くの共和党支持者、とくにトランプ支持者は認識している。

米国では最高裁判所判事こそ保守系が多数だが、地方裁判所はリベラル判事のほうが多く、日本と同様に可笑《おか》しな判決が往々にして出される。

2023年7月12日、下院司法委員会はFBIのクリストファー・レイ長官を喚問した。この公聴会は生中継され、筆者も途中まで見ていた。

司法委員会委員長のジム・ジョーダン下院議員（共和党、オハイオ州選出）は下院議長にも推されたが土壇場で敗れたものの積極的なトランプ支持者だ。レイ長官を厳しく批判し「FBIは『オーウェル風』だ」（全体主義的だという意味）と呼称した。

FBIが左翼的に偏向し、トランプに架空のスキャンダルをでっち上げる一方で、ハンター・バイデンの重大な犯罪捜査を意図的に遅らせた。外国からの不法な賄賂問題を棚上げし、交換条件として麻薬患者に認められない銃の不法所持を認めるという司法取引をしようとしていた。米国の保守陣営は「ＦＢＩと司法省がリベラル派を優遇し、保守派だけを不当に追及している」と非難した。こうした認識はニクソンのウォーターゲート事件以来のことだ。

バイデンの次男ハンター（長男は脳腫瘍で死去）は麻薬中毒で複数の売春婦を呼んで銃を振り回し、その裸体ヴィデオをＳＮＳに流したりの無軌道ぶり、放蕩息子である。外国から不法な献金をうけていた記録を自らコンピュータに記録しておきながら、そのことを忘れて町の修理屋に出して、しかもそのことさえ忘れていた。明確な証拠が並んでいるのにＦＢＩは追及しようとせず有耶無耶に処理してきた。明らかにリベラル左翼に優しく保守に異常な敵意を抱いている。

しかし証言の冒頭でレイ長官は「私が保守派に対して偏見を持っているという考えは、狂っているように思える」と言った。

レイ長官はイェール大学卒、一貫して司法畑を歩いた。前任者のコミーはシカゴ大学卒、若き日には共和党支持者だった。

## トランプが自分の恩赦を発表⁉

バイデン政権は身勝手な法律の拡大解釈をしてほとんどがでっち上げといえる行為を犯罪とし、トランプ前大統領を有罪に持ち込む段取りを組んだ。

トランプを政治的に葬るのである。極左司法界、検察、FBIが一丸となって選挙戦で優位に立つトランプを追い込み、崖から突き落とす作戦を展開してきた。

高級売春婦への口止め、機密書類の持ち出し、そして3回目の起訴理由は連邦議会議事堂乱入の扇動と、いずれも無理筋の起訴だから、トランプが言うように「起訴されるごとに私の支持率は上がる」のである。トランプの三番目の起訴の罪状は米国欺瞞共謀、公務妨害共謀、権利妨害共謀、公務執行妨害および公務執行妨害未遂の4つである。2023年8月3日、ワシントンの法廷に出向いたトランプ前大統領はいずれも否定して無罪を表明した。

出廷の翌日（8月4日）、トランプはアラバマ州で演説し「ホワイトハウスを奪還したら、就任初日に『バイデン犯罪一家』による違法行為を捜査する特別検察官を任命する」とした。

8月14日、こんどはジョージア州大陪審がトランプ前大統領ならびに当時の側近ら計19人を41件の州法違反の罪状で起訴した。4回目の起訴である。トランプが大統領選後の21年1月に選挙管理業務を統括した同州の州務長官らに電話し、選挙結果を覆すために必要な票を見つけるよう迫ったなどとされる。19人はいずれも「組織犯罪」規制違反に問われ、起訴状では「被告らは選挙結果を違法に変更する陰謀に加担した」とされた。

トランプ陣営は声明で、地区検察トップのファニ・ウィリス検事長らを「虚偽の起訴でトランプ氏を訴追する狂信的な一味」と批判した。

じつに裁判が4つも重なると、手続きの煩瑣、それぞれの起訴地がNY、フロリダ、ジョージア州、ワシントンDCなどに分かれ、逐一の出廷も煩わしいが、弁護費用も天文学的になる。左翼の法廷闘争の戦術にはトランプの選挙資金枯渇を視野に入れている。

共和党内では大統領恩赦論が浮上した。

デサンティス・フロリダ州知事とニッキー・ヘイリー元国連大使が「（もし、自分が当選すれば）トランプの恩赦」を約束している。トランプと距離を置くペンス元副大統領は態度保留。クリスティ元知事は「恩赦なんてあり得ない」と反対を公言している。

クリスティは２０１６年予備選では真っ先にトランプを支持した政治家だが、その後、反トランプの急先鋒に回った。ただし予備選では泡沫扱いだ。

これが「民主主義」とかを標榜する全体主義的な国家、米国の政治の本質である。デモクラシーとは下剋上のことだ。

トランプがホワイトハウス入りしたら、すぐにも自分の恩赦を発表し、すべての裁判を無効とするだろう。

## 「ウクライナ支援縮小、中止」に踏み切る

バイデン政権がそそのかしたウクライナ戦争だが、支援疲れがみえ、息切れが始まった。この流れをみていればトランプが打ちだしそうな手はみえている。トランプは明確に「ウクライナ支援縮小、中止」に踏み切る。

２０２２年2月24日、ロシアによるウクライナ侵攻以後、米国はウクライナ支援に１２００億ドルという巨額をぶち込んだ。

米議会の大騒ぎは、ウクライナ支援の継続か停止かをめぐる議論が本質であり、「つな

ぎ予算」などは民主党が好みそうな姑息な手段である。下院共和党のトランプ・チルドレンたちは、マッカーシー議長（当時）の対応は生ぬるいとして、解任動議を準備していた。ミッチ・マコーネル上院院内総務を含む多くの共和党幹部は、ウクライナへの資金提供継続を支持してきたが、米国の世論の変化、すなわち支援疲れが表面化しはじめ、徐々に態度に変化がでていた。

「優先事項は米国と国境だ。まず（米国の）国境を守ることを断固支持する。ウクライナで死亡する米国人よりも多くの米国人が国境で死亡している。将来のウクライナ向け財政政策には米国の国境の安全を確保する条項を盛り込む必要がある」とマッカーシー下院議長（当時）も発言していた。トランプ前大統領の熱狂的支持派で女傑、マジョリー・テイラー・グリーン下院議員がSNSに投稿した。「ウクライナは米国の51番目の州ではない。米国第一！」。グリーン女史は、「米国の高市早苗」かも。

スロバキアではウクライナ支援停止を唱える政党が第一党となった。ハンガリーは以前からそうだ。

ドイツでも同様な主張の「ドイツのための選択肢」が地方選挙で勝利しつづけている。ニュージーランドでも10月14日の総選挙で保守党が第一党に返り咲いた。ただしNZの保守党「国民党」は親中派で、前政権アーダーン首相は極左だったが、反中派だった。だから英国は、ＮＺがファイブアイズのメンバーでありながら「4つのアイと1つのウィンク」とからかっていた。

兵站の本場ポーランドもワルシャワでは野党側が100万人集会（主催者発表）を開催し、ウクライナ支援の政権を糾弾し、2023年10月の総選挙では保守系が勝った。欧米に急速に拡がるウクライナ支援停止の声である。

## 米国はジャコバン党に乗っ取られた

バイデン大統領は81歳、米上院は高齢者のあつまりとなった。

チャック・グラスリー上院議員（アイオア州）は上下院議員歴が48年である。エド・マーキー（マサチューセッツ州選出）が46年、ロン・ワイデン（オレゴン州）が42年、上院の議席に座り続けている。

院内総務のチャック・シューマー（ＮＹ）も42年、そして共和党少数派院内双務のミッチ・マコーネル上院議員が38年も上院に居座り、この5人の高齢者の議会歴を合計すると

216年になる。老齢化、高齢化、耳が遠く、杖をついて歩き、舌がもつれる。こういう状態だからバイデン大統領が上院へ行くと耄碌ぶりは目立たない。

上院議員を党派別ではなく年代別で区分けしてみると、90代が1人（先日ファインスタイン議員が90歳で死亡し、残り1人となった）。80代が4人。70代は29人もいる。そして60代が35人。50代以下は32人である。

議員といえども70歳代になるとエネルギーは低下し、情熱もだんだんと稀釈され、意欲は後退し、ほとんどは現状維持となり、記憶力が劇的に衰弱する。外交を最終決定し、予算を決め、閣僚人事を承認するのは上院である。この年齢構成をみていると、米国の衰退ぶりも、ま、仕方ないか。

「いまは革命の途次。向こう12ヶ月は爆発的な歴史となる」と預言したのは歴史学者のビクター・デイヴィス・ハンソンである。

「米国は『ジャコバン派』に乗っ取られている。今後1年で、米国は大恐慌以来の歴史で最も爆発的な状況になる。これは狂気といえる」

傾聴に値する意見である。当該ハンソンはタッカー・カールソンとの対談番組に出演し、「米国のリベラリズムは不誠実が特徴、極めて不寛容な時代に導こうとしている」と警告した。「トランプ起訴は『グロテスクなパロディ』、リベラル派は現在、米国の民主主義を守るつもりだと語りつつ、じつは民主主義を終焉させようとしている」とつづけた。

「米国の半分を席巻したリベラル派にとってトランプは実存する脅威であり、そう考えている米国人が半分近いと左翼系の人々は過信している。それゆえに必要な手段は何でも正当化されると彼らは考えている。

換言すればリベラル派は『醜い』やり方で、選挙に勝つよりも『堂々と負ける』ことを好む共和党の文化とも戦っている」（つまりリベラル派はフェアではないとハンソンは言っているのだ）

ビクター・デイヴィス・ハンソンはギリシア史専門の有名な歴史学者で、『誰がホメロスを殺したか』、『西側の勃興』など数冊の著作がある。このうち『古代ギリシアの戦い』が邦訳されている。

「米国はいま文化的、経済的、政治的な革命の真っ只中にあり、同じサイドラインや基準の中でプレーしていると思っているが、実際はそうではない」

筆者は哲学者レイモン・アロンが言った「マルクス主義は知識人のアヘンだ」という箴《しん》言《げん》を思い出した。リベラリズム＝グローバリズムは、まさに現代知識人のアヘンということなるだろう。

## 「トランプ・チルドレン」たち

マッカーシー下院議長の解任劇で活躍した共和党「8人の叛乱者」の旗振り役はマット・ゲーツ下院議員（フロリダ州選出）だ。「マッカーシー議長は我々との約束を破った、過去8か月間、当該合意に違反してきた」と述べ、「彼は民主党と協力して、ウクライナに資金を提供し、トランプ大統領に対するジャック・スミスの選挙干渉に資金を提供し、米国国民の利益を最優先するために何もしなかった」。

アンディ・ビッグス下院議員（アリゾナ州）は「マッカーシー議長の予算決議可決は国家債務と移民にさらに悪影響を及ぼすだけだ。マッカーシー氏は有能なリーダーとして失格であり、もはや舵取りを信頼できない」。

ケン・バック下院議員（コロラド州）は、「国家債務を増大させたのはマッカーシー議長の財政政策に起因する。米国の負債は33兆ドル、2030年までに50兆ドルに達する見込みであり、私たちは賢明な予算編成に方向転換し、国を救わなければなりません」

ティム・バーチェット下院議員（テネシー州）は「マッカーシー議長とは友人だが解任動議に賛成したのは私の良心の選択だった。米国国民にとって最善だと思うことに投票しなければなりません」

イーライ・クレーン下院議員（アリゾナ州）は「非効率的で不誠実なワシントンのやり方を徹底的に見直すには変化が必要だ。多数派が米国民のための大胆で永続的な変化を求めて戦う機会があるたびに、指導部は共和党よりも民主党の支持を得て法案を可決してきた」と述べた。

ボブ・グッド下院議員（バージニア州）は「米国民が必要としているのは、共和党の票よりも民主党の票を多く獲得する財政的に無責任な協定を破棄するような議長ではなく、共和党が過半数を獲得するために交わした公約を守るために戦う議長である」

ナンシー・メイス下院議員（サウスカロライナ州）は、「マッカーシー議長は約束を守らず、何の行動もとっていない。コミュニティの安全を守るために女性問題や法律に取り組むとの約束は果たされず、正しいことをするためにここに来たのです」と発言した。

マット・ローゼンデール下院議員（モンタナ州）は、マッカーシー氏が共和党に反して活動し、「左派を支援する策略」を支持していると非難した。

トランプ劇場第二幕では、この8人もきっと大暴れを展開するだろう。そして議会運営で、これら「トランプ・チルドレン」が暴走し始めると、却ってトランプの政策遂行に邪魔になる場面も想定される。

## まじめな警官が有罪となる社会

トランプの過去の指摘が正しかったことが次々と証明された。

サンフランシスコが左翼のメッカとなったのは1960年代後半のヒッピー現象からで、ベトナム反戦運動以後はあらゆる左翼運動がカリフォルニア州に集中した。就中《なかんずく》、サンフランシスコは極左政治家として知られるナンシー・ペロシ元下院議長の選挙地盤だ。市内には大きなチャイナタウンがあるため犯罪の温床とからかわれたが、反日運動の本丸でもあった。

同じ選挙地盤の上院議員には中国スパイを20年も秘書として側近においていたファインスタインがいた。彼女は顔面神経痛で車椅子生活だった。23年9月に逝去。

ジェレミー・ベンサム（18世紀から19世紀の英国の法律家、思想家）は社会の目的を「最大多数の最大幸福」とした。

多数派の専制（WINNER TAKES ALL）といった米国的な民主主義を説いたのではなかった。米国の民主政治なるものは51％を押さえれば、残り49％の意見を無視する。日本は逆で多数派政党が野党の意見を懇切に聞いて取り入れ、だから日本のほとんどの法律は妥協の産物、すなわちザル法になりやすい。

人間は幸せを求めるが、不幸を求める人々が、その少数意見を声高に叫び、少数派の権利だけを闇雲に獅子吼すると、同調者が現れる。大概は偽善者か、あるいは政治的意図をもって利用しようとする勢力である。

べつに51％を取らなくとも、巧妙な戦術を生み出したボルシェビキのように穢《きたな》い手口がある。法律で過半の出席で成立する議会は、その過半で法律を可決できる。つまり25％の活動家がいれば残りを制御し、かれらがいったん政権を握れば反対派を銃で威圧し、専制政治を敷くことが出来る。ボルシェビキは、少数派だったが、多数派のメンシェビキをそうやって駆逐し政権を掌握し独裁政治に移行したではないか。

ジェンダーギャップ、フェミニズム論争はオバマ政権下で異常な事態を招来させ、男女差別はいけないと男子トイレ、女子トイレの区別をやめた。MRとMISS、MRSの区別も差別だとしてＭＸに（ミクスと発音するそうな）。同様な事態は各方面に拡散した。少数派が声高に想定外の権利を主唱し、多数派の幸福を破壊し、世論をリードし、政治を混乱させ国家が危殆に瀕した。この基軸を支えたのは左翼メディア、とりわけ操作された映像だった。

この2、30年ほどの間に擬制の民主主義は社会の基本にあった何かを壊した。最小の集団が最大の国民を代弁するなどと僭称し、最悪の価値観が幸福だと言ってのける。嫌煙権も禁煙ファシズムである。これは「新興宗教」であり近未来の見通しは俄然暗いものとなった。

ヘイト、男女差別、少数民族差別、黒人差別、あれもこれもいけない。人前でうっかり何かをしゃべるとヘイトと非難される。まさに行き過ぎた多様性尊重は、ついに「白人原罪論」を産み、昨今の米国ではユーモアも通じなくなって社会の伝統的価値観は木っ端微塵に破壊された。

この根底に潜むのは憎悪が渦巻くマルクス主義である。ポリコレ（ポリティカル・コレクトネス＝言葉狩り）を発明し『共産党宣言』に代替させた。ＬＧＢＴＱ、フェミニズムから発生し、暴力的な熱狂を運んだのはＢＬＭ（ブラック・ライブズ・マター＝黒人の命も大事）

だった。窃盗犯ジョージ・フロイドを拘束し首根っこを押さえた警官の行為が死因であり、これこそ黒人差別だと騒いで暴動となった。あろうことか職務を忠実に実行した警官が拘束され有罪となった。

当該警官は警察のマニュアル通りの取り締まり行為を行っていただけで、フロイドの死因はフェンタニル中毒によるものだったが、一切伏せられた。こうなると任務を全うしたまじめな警官が有罪となるくらいなら警官なんかやっていられるかと、警官募集に応じる人が急減し、それがまた治安を悪化させた。正義は消えた。

結果、警官は目の前で黒人が犯罪をおかしていても見ているだけ。いや、見ないふりをするか、現場を離れる。９５０ドル以下の万引きは拘束されない。拘置所が満員だからだ。

全米に多く存在する左翼首長を選んだ自治体では極端に治安が悪化した。これが米国の現状である。

マルクス主義者からみれば「革命前夜」。メディアの偏向万歳である。口を開けばジェンダー、人種、おまえは差別主義だというレッテル貼り。おまけが地球温暖化、原発反対、不公平、男女同権。まさに米国政治はジャコバン党が乗っ取った。そのうち「米帝国主義打倒」なる古ぼけたスローガンも米国内で復活しそうな雲行きである。

こうした多様性尊重の弊害が、いかに社会を、旧来の秩序を破壊したか。事態は深刻さをまし、いずれ日本に上陸する懼れがある。

## 「ダーティ・ハリーよ、もう一度」

カリフォルニア州は移民が多数派であり、政治的には赤く染まっている。

カリフォルニア州知事のギャビン・ニューサムは、故ダイアン・ファインスタイン上院議員の空席を指名できる立場にあって、「エミリーズ・リスト」代表の黒人女性ラフォンザ・バトラーを任命した。バトラーはLGBT活動家でカマラ・ハリス副大統領の腹心でもある。

カリフォルニア州では連邦上院議員の欠員は補欠選挙ではなく、知事がとりあえず任命できる制度。バトラーは左翼活動家として知られる。ニューサム知事の人事は党に相談もなく唐突な指名だったので批判が強まった。

バトラーは10月4日、カマラ・ハリス副大統領によって米国上院で宣誓就任した。

ともかくカリフォルニア州は赤い。

メキシコを主としてアジア系移民、それも韓国、ベトナム、中国、台湾にくわえ、ラオス、アフガニスタンなどからの移民が多いため、民主党支持が多い。ファインスタイン上院議員は中国のスパイを20年間も秘書として雇っていながら雇用責任を果たさなかった。ペロシ下院議長はサンフランシスコが地盤だが、治安の悪化に責任を持たなかった。因果応報か、自宅が暴漢に襲われ夫君が重傷を追った。

カリフォルニア州はロスアンジェルスがハリウッドに代表される左翼拠点、サンフランシスコはシリコンバレー、GAFAMの本場で例外的な保守派企業はX（旧ツイッター）とオラクルくらいだ。

メディアは『ロスアンジェルスタイムズ』が左翼の『朝日新聞』とすれば、『サンフランシスコクロニクル』は極左の『東京新聞』だろう。

西海岸はカリフォルニア州にくわえてオレゴン州、ワシントン州、これにハワイを加えて全部が民主党の地盤。

とはいえ、カリフォルニアからはニクソン、レーガンが大統領になったし、シュワルツェネッガーは州知事を務めた。クレアモントへ行けば保守系シンクタンクがかなりある。

トランプの再選戦略は、これら西海岸四州をいかに攻略するかにかかっている。カリフオルニア州に「ダーティ・ハリーよ、もう一度《カム・バック》」の合唱が始まりそうだ。

## トランプより強烈な主張をするラマスワミ

ヴィベク・ラマスワミは昨日まで無名の新人。38歳のバイオ起業家である。本来なら2024米国大統領選挙の予備選段階で「泡沫候補のひとり」とメディアが扱うところだが、『ニューヨークタイムズ』までが、その急伸と人気の高まりを取り上げたので波に乗った。最大の急伸要因はラマスワミが強烈な「アンチWOKE運動」（WOKE=少数派の主張によって意識が高いかと企業に迫る左翼運動）の前衛に位置するからだ。米国の世論の変化を摑み、荒波に便乗した。というより彼が波を創った。

そのうえ、タッカー・カールソンが「ラマスワミの主張は傾聴に値する」と発言し、これを捉えてイーロン・マスクが「支持したい」と肯定的な発言をくりだした。

ラマスワミは名前からしてインド人。両親はヒンズー教徒、タミル語を喋る。移民二世としてラマスワミはハーバード大学、イェール大学に学び、バイオ開発の企業を興した。株式公開など錬金術を使い分けて、個人資産は80億ドルとも言われる。孫正義もラマスワミ初期のベンチャーに投資した。

彼は起業家として知られていたが、２０２１年に『ＷＯＫＥ，ＩＮＣ．』を著述し、いきなりベストセラー作家として登場した。

全米に拡がった左翼に媚びる企業を痛烈に批判した。バドワイザー不買運動の下地を醸成していたのだ。２０２２年には『犠牲の国家』、そして直近は『ＣＡＰＩＴＡＬＩＳＴ　ＰＵＮＩＳＨＭＥＮＴ』（いずれも本邦未訳なので、日本語の題は仮か、或いは英語のママ）と3冊が米国論壇の話題をさらった。

タッカー・カールソンが番組に呼んで、あれこれを語らせた。ラマスワミは根っからのトランプ支持者、米国人のナショナル・アイデンティティを重視する愛国者。自身はヒンズー教徒だが、キリスト教ファンダメンタルズの価値観を共有し、中絶には反対し、環境問題の過激派には批判的である。本来なら宗教観が問題となるのだが、『ザ・タイムズ・オブ・インディア』は「クリスチャンの米国社会の隙間にうまく潜り込んだ」と評した（8月18日号）。同紙はついでながら、もうひとり新顔のインド人候補にも触れた。

ハーシュ・バルドハン・シンというインド系米国人は「ワクチンを打たない。ビッグテックとビッグファーム（大手製薬企業）と政府の癒着」を批判する共和党の新人で、ま、かれこそ泡沫だが、「これで2024　大統領選共和党予備選にインド人が3人も立った（もう1人はニッキー・ヘイリー元国連大使）」と手放しの讃辞をおくった。

ラムスワミは伝統的保守主義とは距離を置いて、米国の機密情報を外国メディアに暴いたスノーデンとアサンジには寛容である。

「もし大統領となったらトランプ前大統領に恩赦をあたえる。私のランニング・メートはRKJ（ロバート・ケネディ・ジュニア）がふさわしい」などと保守主義が原則だが、イシューによっては頓珍漢な答えを連発した。RKJもワクチン陰謀論者だ。

メキシコからのフェンタニル問題でも、ラマスワミは、「大麻を合法化すれば問題は解決する」と大胆な発言を繰り出している。

「FRBの権限を縮小させる」「中国依存の米国経済の体質をなくせ」などと主張する一方で「台湾は独立国家だ」「イスラエル援助は2028年に380億ドルの援助プログラムが終了するが、それで打ち切れ」

後者の発言には、こんどはイスラエルの『エルサレム・ポスト』（8月18日号）が強い懸念の声を上げた。「これではパレスチナにからめてのイスラエル支援を打ち切れと言うサンダース（社会主義者）やオカシオ・コルテス（民主党の変わり者）ら極左議員と同じではないか」と批判的だ。

またラマスワミは、「9・11テロの真実をFBIとCIAは隠蔽している」「CIAは嘘つき」「ESGは偽善」などと、トランプより強烈な主張だ。彼のサイトは24時間で2953万人が見た。

この「ラマスワミ現象」は、民主党のRKJ旋風と同様に一過性の泡（バブル）現象ではなく、根底的な変化をもとめる米国の風潮と合致しているのである。

## 不法移民問題は解決不能

次なる大統領選挙の争点は不法移民問題である。

トランプはバイデンが放置したメキシコ国境との壁をさらに高くするだろう。また入国してしまった人たちへの保護的優遇策を大きく見直し、犯罪者の徹底検挙を命じるだろう。

移民による治安悪化は米国に限らず、ドイツ、フランス、英国で顕著だ。グローバリストの窮極の狙いは国家破壊だから、極左は移民政策を強硬に進めるのだ。日本でもこの問題は深刻化している。

2023年10月13日に日本の出入国在留管理庁が発表した在留外国人は322万3858人だった（6月末統計速報）。22年末から4・8%の増加ぶりを示した。なおこの数字は3ヶ月以内の短期在留と帰化人を含まない。

カールソンは、国家の基本的性質に対しての重大な悪影響を主張し、「国家の性格（コアパーソナリティ）の形成と国家としての成功は、人口によって形成される。ところが、歯止めのない人口動態激変は大混乱を招く懸念が大きい」とした。「ところがバイデン政権の政策によって、大量移民が惹起され、にもかかわらずこの劇的な変化に目をつぶってきた。その結果、過去3年間（つまりバイデンとなってから）に発生した大量移民危機は、数字でも歴史の記録を更新した。あまつさえFBIのテロ監視リストに載っている移民の逮捕者数は記録的な数字となった」

EU議会のタルチンスキーは、「不法移民がゼロであることは、テロ攻撃がゼロであることと同じです。ヨーロッパで最も安全な場所は（移民を受け入れない）ポーランドです」と発言した。

たとえばミャンマー政府が強権を振るい、イスラム教とのロヒンギャ70万人をバングラデシュへ追い出したような荒療治は人権を尊重するとしている米国ではできない相談だ。

しかもこの強硬措置は西側が「民主政治家」と喧伝したスーチー前政権下で行われた。

ニューヨーク市は人口激減理由をコロナ禍だと取り繕った。真実は極左市長の愚策で税金が高く住みにくい上に、極端な治安の悪化である。NYCの人口は２０２０年四月から22年六月までに３・５％減、およそ50万人が去った。50万人といえば松戸、市川、宇都宮クラスの人口を持つ都市がまるっと消えた勘定になる。

カリフォルニア州もシリコンバレーをかかえるサンフランシスコが顕著な人口激減に襲われ、２０２０年７月に87万３７３人だったが、22年８月には80万８４３７人に減ってい た。ＧＡＦＡＭ（グーグル、アップル、フェイスブック＝メタ、アマゾン、マイクロソフト）の不況は本物で、雇用状態も深刻な様相である。なにしろアップルは中国のボイコット（23年9月から）により時価総額を28兆円も減らした。

ロスアンジェルスのイースト・ハリウッド地区を中心にホームレスがテント村を形成し始めたのは２０１５年頃からだ。バイデン政権になってから不法移民対策を手抜きにしたため、メキシコから不法移民が急増した。なかには1万人の中国人が混ざっていた。

ロス市当局は一日あたり４・４万ドルをシェルター、フェンス建築、トイレ設置、24時間食事サービスなどに費やし、スタッフへの賃金も追加された。ホームレス村のテントは一般キャンプ用より高品質という。

サンフランシスコは予算が6・5億ドルだが、すでに大幅に不足し、企業に「ホームレス税」を2018年から課した。カリフォルニア州にはほかにバークレー、オークランドに大規模なテント村ができた。カリフォルニア州全体のホームレスは23年9月現在、17万人強と見積もられている。

ニューヨークには、もともと8万人ほどのホームレスが恒常的にいた。バイデンの不法移民対策緩和のため、あらたに6・5万人が流入し、かわりにNYっ子の50万人が他州へ出て行った。NYCのホームレス対策費用は23億ドル。これに加えて18歳から24歳の未就労の若者に毎月13万円を支給している。トランプはメキシコ国境に高い塀を建設し、不法移民の流入を阻止したが、「人権」を盾にバイデンが、不法移民は「捕まえて、すぐ釈放」(キャッチ&リリース)作戦に切り替えたため、こうした「悲惨」な状態の出現となった。

NYには65000人の不法移民が雪崩れ込んだため一時的にシェラトンなど高級ホテルを借り上げ、ウクライナ近隣諸国の風景と変わらない難民キャンプ、シェルター増設、かれらへの給食やら医療サービス。じつに140ヶ所のシェルターで1日3食、つれてきた子供たちには学校へ通う手続き、1日に10億円。NYCは24年度の「難民対策予算」を

29億ドル（およそ4400億円）と見積もる。

難民を装ったギャング団や密輸組織構成員が含まれ、フェンタニルの密売が増えた。米国人のフェンタニル中毒による死者はうなぎ登りとなって人気俳優ロバート・デ・ニーロの娘ドレアの息子（19歳）が23年7月2日にNYの自宅で死んでいた。麻薬中毒によるとされ、仲買人の20歳の女を7月14日、NY警察が逮捕した。なにしろホワイトハウスにコカインが持ち込まれていたが、シークレットサービスは捜査を打ち切った。発見直前にハンター・バイデンがホワイトハウス内部を彷徨いていた。

多くの米国人は不法移民のあまりのおびただしさに悲鳴を上げ、これはバイデンが不法移民の入国を黙認したからだと考えている。移民対策の責任者はハリス副大統領だが彼女の無能ぶりは書くまでもない。

失業者の怒りは外国人に職を奪われたという強迫観念に近い。不法移民の大量の流れ込みを許したバイデン政権に猛烈な批判となる。ところがムスリム、ヒスパニック、黒人、アジア系移民などニューカマーは移民に優しい民主党に投票する。ユダヤ人も70％が民主党贔屓である。

治安悪化はリベラルな首長が治めるNY、シカゴ、サンフランシスコで顕著に悪化した。

警官を募集しても応募がほとんど無い惨状だ。

かつての銃規制やユダヤロビィ教育問題などへの関心は稀釈され、ふくれあがる福祉予算が、国家の健全な財政に大きな障害となった。民主党支持者には自らが受け取る福祉の恩恵、フードスタンプ、生活保護が重要なのであって、国防にカネをかける分を福祉予算に回せという考えに傾きやすい。

財源をどうするか、民主党は富裕層増税を唱え、「小さな政府」を目指す共和党はむしろ予算縮小を主張する。

## 「在日米軍と第七艦隊を日本が買収してくれまいか?」

かくして米国は鮮明に分裂し、日本人が漠然と描いてきた、「軍事大国」「守護者」「世界の警察官」などという米国への淡い期待は「過去の遺物」である。

日本が侵略されたら米軍がくると考えている日本人はさすがに少なくなったが、それなら自主防衛力を高めようという主権国家として当たり前の声に耳を傾ける人はまだまだ少ない。

改憲がいつになるのか、すくなくとも岸田政権の政治日程には、エマニュエル米国大使から脅されて「ＬＧＢＴ法」を拙速に成立させる愚策はあっても、改憲への情熱は蒸発したままである。

しかし米国の衰退は誰がみても不可避的であり、いずれ軍事予算を支えきれなくなるだろう。

それがトランプ政権のときに顕著になれば、国益優先、米国第一のトランプゆえに日本に次のことを要望するだろう。

「在日米軍と第七艦隊を日本が買収してくれまいか？」。取引条件は日本の核武装容認である。

突拍子もないシナリオだと思う勿れ、現代の米国の分裂状態はやがて南北戦争に発展する可能性があり、そうなるとロシア・アカデミーの学者がかつて予言したように「米国は六分裂」となるシナリオを荒唐無稽だと笑い飛ばせる時代は終わった。

すなわちアラスカ州はロシアに売却し、ハワイは中国に、カリフォルニアなど西海岸3州は独立し、残りは東海岸、中西部、南部に分かれる。むしろそれですっきりするのではないかとロシア・アカデミーの学者はからかい半分だったが……。

## 中国がしかけた「現代のアヘン戦争」の解決を迫る

23年10月3日、バイデン政権は「麻薬戦争」の撲滅に乗り出した。

中国がしかけた「現代のアヘン戦争」とは致死性の高い合成オピオイド（麻薬鎮痛剤。フェンタニル）だ。

メキシコからの密輸を摘発したところ、全米国人3億3000万人を18回、殺せるほどの量のフェンタニルが摘発された（ワシントンエギザミナー、10月21日）。

ガーランド司法長官は「米国人に死をもたらすフェンタニルの国際供給網は多くの場合、中国の化学会社を起点としている」と非難し、この密造や密輸に関与した中国、香港が拠点の密造業者ならびにメキシコ、グアテマラの企業と個人を制裁対象に指定し、起訴した。また彼らがビットコインで得た数億円の在米資産を凍結した。しかし起訴対象者全員が逮捕には至っておらず国際捜査では中国政府の協力はまったく得られなかった。

一方、米財務省の外国資産管理局（ＯＦＡＣ）は声明で、中国を拠点とする12企業と13個人を含む28の企業と個人を制裁対象に指定した。フェンタニルによる米国人の中毒死は

２０２２年に11万人。ベトナム戦争の米軍の戦死者より多い。製造元の中国は「言いがかりであり、無関係だ」とシラを切っている。

バイデンは23年10月、サンフランシスコで開催されたＡＰＥＣを利用し、米中首脳会談を行なった。まっさきに取りあげたのが、このフェンタニル対策だった。

トランプはこの問題で強硬に中国に解決を迫るだろう。

# 第五章

# 破綻寸前の中国経済・トランプは救いの手を出すか?

## モンゴル帝国の再現を狙う習近平

米国が中国を敵視する象徴的措置が孔子学院の廃校である。

中国のスパイ機関、あきらかな思想戦の拠点として世界中に設置された孔子学院（孔子の教えを、むしろ中国人に教えたいが……）廃止の動きが加速した。中国語を学び、中国古典を理解し、中国との友好を深めるという設立目的は、受け入れ側の資本主義国家においては、躍進を続けた中国の市場重視がその動機だった。

米国では113の大学にあった孔子学院が、補助金が削減され、世論が反中国となってから廃校が進み、残りは5校のみ（サウスチャイナモーニングポスト、11月3日）。カナダでもトルドー首相は親中派だが、PTAの抗議が殺到して、廃校がすすみ、また英国ではスナク政権が全廃を宣言している。

日本は15の大学に孔子学院があったが、工学院大学など2校が廃止した。それでも早稲田大学、立命館大学など、あと13校、中国のスパイ機関は日本ではまだ健在である。

西側でもっとも中国に甘い日本人がイメージしたシルクロードは♪「月の沙漠をはるば

ると」と浪漫の薫り高き、夢に溢れた旅である。駱駝の隊列、キャラバンサライ、葡萄、陶磁器、異文化の交易品、鄭和とマルコポーロ……。

井上靖らが描いた西域は、行ってみると核実験の被爆地だった。中国はその事実を隠蔽して、敦煌、楼蘭などの観光ブームを作り上げた。『西遊記』の撮影に行った夏目雅子は原因不明の病で早世した。

「一帯一路はシルクロードではなく、モンゴル帝国の再現がねらいだ。習近平は『モンゴル帝国の最盛期を自分の手で再現する』というプロジェクトとして、一帯一路を進めている」（宮脇淳子『ロシアとは何か』、扶桑社）

習近平はモンゴル帝国の歴史を知らない。過去の歴史の教訓など踏み込んで習ったこともない（そもそも現代中国に客観的な歴史書はない）。チベットもウイグルもモンゴルも他民族の言語、宗教、文化には寛容だった。

しかし習近平の描く『シルクロード』構想とは「チベットもウイグルもモンゴルも『漢民族』にしてしまおうとしている（中略）。モンゴル帝国の広大さだけに目がくらみ、モンゴル帝国の寛容性の意味がどれだけ理解されているか心許ない限り」（宮脇前掲書）

なにしろ中国はチンギス・ハーンも中華民族にしてしまった。内蒙古省の最西端パオトウの南、オルダスからさらに南へ1時間半ほど、タクシーを雇ってチンギス・ハーンの御陵に行ったことがあるが、宮脇女史に拠れば、「あれも偽物」だそうな。

さて意外なことにモンゴル研究に突如熱心に取り組み始めたのが米国なのである。発端はアフガニスタン戦争で「かつてこの地も支配したモンゴル人がいかにして少数で多数の異民族・イスラム教徒たちを支配して、帝国を隆盛させたか」に異様な興味、というよりアフガニスタン攻略を目的に研究しはじめたのだ。結局、ロシアも米国もアフガニスタンを従わせることが出来なかった。そのアフガニスタンに熱意をもって異常な接近をみせてきたのが習近平政権である。世界が批判するタリバンに平然と近づいている背景には、壮大なシルクロード（即ちモンゴル帝国の再現）があるわけだ。

ロシアでは「ルーシ」と「ラシアニアン」という新しい概念（「漢族」と「中華民族」の差違に似ている）に基づくナショナリズムが台頭し、思想家ドゥーギンが代弁する。

ロシアの唱える「ネオ・ユーラシアニズム」なるものの概念も「大ロシア帝国」、すなわち「モンゴル帝国の再現」を狙っている。

こうした中国の隠された意図を知ってか知らずか、2023年11月、米国はサンフランシスコで開催したAPECに習近平を呼んで久しぶりの米中首脳会談を開いたが、記念撮影のほかに何ほどの成果もなかった。

## 失政から目を逸らすための更迭人事

米中首脳会談は「顔見せ興業」に終始し「台湾」では物別れだった。APECの会場は西海岸のサンフランシスコで、街に溢れていたホームレスが一斉され、街が突然綺麗になった。

首脳会談はお互いが用意されたペーパーを読み上げ、「協力できる分野では一層の協力を」とありきたりな台詞のあと、とくに台湾情勢をめぐって、1年以上途絶えている相互の軍高官の話し合いの重要性が指摘された。

米中首脳会議で注目すべきは(1)軍高官の話し合い再開。(2)台湾問題で習は「必ず統一する」と言明し、終了後の記者会見で、バイデンは「習は独裁者だ」と発言した(「独裁者」呼ばわりは2回目。もちろん、中国は「認識の誤り」と抗議した)。(3)習は米国に不在となったパンダを再送還しても良いと示唆した。(4)実質的な両国関係の進捗はなにもなかった。

バイデンの右隣はブリンケン、その隣がレナード商務長官、その横にケリー気象問題担当特使、左隣はイエレン財務長官だった。「ん？」。オースチン国防長官の顔がない。

一方、習近平の右隣に注目、蔡奇だった（政治局常務委員、序列5位）。そして左隣は王毅外相兼国務委員兼政治局員という布陣だった。

これをどう読むか？　蔡奇は福建省生まれで、ばりばりの福建マフィア（つまり習近平派閥。67歳）。最初は目立たず2004年に台洲市市長。ここで浙江省書記になっていた習近平と縁ができた。以後、2010年党学校長、14年に中央国家公安弁公室、16年北京市長代行、翌17年に北京市長、書記となって中央委員に。2022年に政治局常務委員にジャンプし、中央弁公室主任となる。このポストは米国の大統領首席補佐官である。つまり習政権の中枢に陣取るのが蔡奇であることが浮かび挙がった。

かれは対米強硬派、そして台湾統一を急げと吠える政治家である。

科学を尊重するはずの中国は、その科学技術を宇宙航空と軍事に使っているだけで、民生用には興味が薄い。福島第一原発の処理水の排出を「核汚染水」となじり、猛烈な勢いで反日ムードを醸成したのも別の理由がある。

中国が展開しているのは政治キャンペーンであり反日感情を煽り、民衆の不満を逸らすことにある。何から逸らす？　習近平の失政からである。

周知のようにコロナ対策だとして無謀なロックダウンを展開した。民衆は狭い空間に閉じ込められ窒息しそうになった。経済力が衰弱し、サプライチェーンは寸断され、外国企業は撤退し、外国からの投資が急減した。そこで突然、コロナゼロと言い出した。それまでの不満の爆発に肩すかしを食わせた。

日本を非難し続けるもうひとつの理由は中南海の奥の院で行われている激しい権力闘争を隠蔽するためである。なにしろ外相と国防相を突如更迭し、中国人民銀行（中央銀行）総裁もベテランを更迭して経済的能力があるのか不明な人間を充てた。

このようなちぐはぐ人事は適材適所ではなく、習近平への忠誠度によってポストが決まるので、中国共産党の奥の闇で深刻な事態が発生している筈である。無知蒙昧な大衆は洗脳できても知識人はごまかせない。

２０２３年６月20日、中国人民銀行（米ＦＲＢ、日本銀行に相当）の范一飛副総裁が規律違反で逮捕された。同年10月16日、今度は中銀の元書記だった劉連舸が「汚職」容疑で逮捕された。

外相、国防相、ロケット軍司令と政治委員のいずれもが忽然と姿を消した。中国はいずれも逮捕ともなんとも発表しておらず行方不明のまま、数ヶ月が過ぎた。軍で異変が起きていることは想像がつくが、中国の中央銀行でも異常事態が発生していた。

米国で言えばＦＲＢの正・副議長が汚職で逮捕されたようなもの。日本なら日銀総裁と副総裁が逮捕されたと同等の事件だから、はかりしれない権力闘争が奥の院で起きていることは間違いない。

7月に全国人民代表大会（全人代）常務委員会は新しい中央銀行総裁に同行党委員会書記を務める潘功勝を充てる人事を決めた。潘功勝は副総裁を11年務めた実務家だが国際金融界ではまったく無名。主として党務を担ってきた人物であり、経済学的な知識があるのか、ないのかも一切不明である。

潘は総裁職に先立って7月から中銀党委書記に就任していた。つまり党書記は総裁より高位である。

こうした矛盾を糊塗するために、また民度の低い国民の感情に短絡的で直截な刺激を与えるには処理水問題が格好の材料だった。けれども絶対にデモや集会を許可しない。大群衆の集まる反日暴動は、すぐさま反・共産党暴動に転化することを中国共産党は知っているからだ。

## 台湾侵攻、中国の本気度

しかし中国経済の破綻は時間の問題である。そのとき汚染水キャンペーンなどで民衆の不満の爆発はおさまらないだろう。ならば、何で矛盾をすり替えるか？　ずばり台湾への侵攻である。

10月29日から31日までの「香山フォーラム」はホスト役が不在だった。北京で開催された国防相会議で、解任された李尚福国防相に代わって、基調演説に立ったのは張又俠・副主任だった。張は「西側の一部の国が世界秩序に混乱をまき散らし、中国の共産党統治を弱体化しようとしているが、断固たちむかう。台湾独立の動きがあれば直接行動にでる。また米国とは大局的観点に立ってしっかりとした絆を継続していく」と豪語した。

激越な演説はロシアのショイグ国防相だった。

北京の「香山フォーラム」へ出発する前に記者会見したショイグは「ウクライナは人的資源の損失が顕著で、攻撃力を低下させている。ウクライナはパニックに陥っている。軍人たちが自発的に降伏している」とした。

ショイグは「西側はウクライナをロシアに対する『破城槌《ハンマー》』として利用している。とくに米国は西側陣営を完全に征服し、必要なあらゆる手段を使ってあらゆる政治的・軍事的資源を低下しつつある自国の世界的優位性を維持することに集中させた。米国主導のNATOはロシアの正当な安全保障上の利益を無視し、拡大路線を追求し、最終的にはロシアに『戦略的敗北』を与えるという方針を公然ととった。ウクライナは皮肉にも破城槌として選ばれ、単なる消耗品の役割を割り当てられた」とした。

ショイグは続けて戦況を語り、「西側の武器と支援にもかかわらず、大々的に宣伝されたキエフの反撃は失敗に終わった。ウクライナは6月以降だけでも9万人以上の兵力、約600台の戦車、約1900台の装甲車両を失った」

この戦果報告は西側の日々の「ウクライナが勝っている」との情報とは180度異なるが、最近は米国メディアもウクライナ戦況報告が大本営発表でしかないと認識している。

## 習近平に「公営ギャンブルの推奨」を進言！

中国経済の深刻な悪化をSNSで論じるとブロックされる状態が続いている。

最近、雲南省昆明市の「都市投資会議議事録」が流出した。地方政府の融資不良債権化と債務問題が明るみにでた。氷山の一角に過ぎないが、昆明もまた債務危機に陥っていた。年末満期債務は邦貨換算で4000億円と見積もられる。このため従業員の社会保障資金まで流用され、従業員には4ヶ月間給料が支払われていない。

つまり昆明市は破産状態にある。地方公務員ですら3ヶ月分の賃金未払いがあった。しかも滑稽なことに地方公務員は何もすることがなく、集まって「習近平思想」を学ぶことが主な業務だったそうな。

昆明地下鉄は経営難に陥って数ヶ月にわたり従業員給与をストップした。昆明の地下鉄は現在6路線。23年の中国交通部のデータによると、昆明地下鉄の交通量は1日1キロあたり5300人。昆明鉄道交通集団の財務報告書に拠れば、22年の総収益は6億2900万元(126億円)、運営費は約15億5900万元(312億円)、政府補助金は9億7500万元(197億円)。赤字は9億3000万元(186億円)となる。昆明都市投資負債の負債比率は550%である。

中国全土に新幹線を通して営業キロは3万キロ。累積債務合計は114兆円。各都市は地下鉄工事に血道を上げたが、利益をだしているのは武漢、深圳、済南、上海の4つの地下鉄のみという。マンションは造りすぎてゴーストタウン。地下鉄は乗る人が少なく赤字ばかり。高層ビルは林立したが、テナントが埋まらない。

これまで都市投資債券のデフォルトは発生していないが、昆明市だけでなく、中国の経済発展レベルが低い地域の多くが昆明市のような財政的困難に直面している。

地方政府債務は公式発表で８４０兆円、ＩＭＦは２０２７年までに２０００兆円を超えると試算している。

中国の国家破綻は目の前となった。

その前に打つ手はないか、と自らカジノホテルを経営した経験のあるトランプなら考えるだろう。

中国人がカジノに熱中すれば台湾侵攻なんぞ考えもしないだろうと人間の本能から戦略を練るのがトランプの特徴である。

中国には公設のギャンブルがない。不満を発散できるメカニズムがない。パチンコも競馬も競輪も競艇もオートレースもない。博打大好きな庶民はどうしているか？

闇博打が盛んで、麻雀はホテルの一室を借り切って「会議中」の札を立てる。あるいは船を借り切る。庶民は町の辻や公園で朝から夜中までトランプ、賭け将棋。これらは賭け金が500円とか1000円などで警察も見てみないふりをする。

富裕階級はマカオへ行ってギャンブル三昧となる。マカオにはラスベガス御三家に加えて、地つきのリスボアホテルとスタンレー・ホーの娘らが創業のギャラクシーなど高層豪華なギャンブルホテルが林立している。ラスベガスと異なるのは家族連れが少なく、オトナの雰囲気に決定的に欠けていて、総てが即物的なのだ。夫人子供用の娯楽設備が貧弱。しかしロビーではロシア美人にフィリピン楽団の妖艶な踊り。レストラン街はまだまだ貧弱で娯楽インフラが乏しい。

このマカオに大陸から押し寄せるギャンブラーたちは蝗の大群、年間3000万人。サンズ、ベネチアン、MGMなどのホテルに散って24時間賭け事、VIP部屋では億単位のギャンブルが展開される。

低所得層はスロットマシンだ。負けると身につけていたロレックスやルイヴィトンの鞄を質屋に売って、また続けるか、借金を支払う。広東語で質屋は「押」である。ホテルの周りにたくさんある。

世界のギャンブル王国は1位がマカオ（利益が4兆円。支えているのは中国人）、2位がラスベガス（1・4兆円）。3位は意外にもシンガポールで5000億円。日本人ツアーに大人気のマリーナベイ・サンズが有名だろう。トランプと会談した金正恩が突如、このホテルのバーに出没したが、じつは公認ギャンブル場である。

しかもこのホテルはトランプ最大の支援者だったラスベガス王のひとりアデルマン（故人）だった。

トランプが次に習近平と会談したら、こうした公営ギャンブルの推奨を進言するか！

トランプ再登場予測とは無関係に思えるかもしれない。トランプは公認ギャンブルのアトランティックシティにカジノホテルを建てたし、日本にＩＲを強引に迫ったではないか。実績はちゃんとある。

## 次の執行部を担う副首相たち

１９９１年にソ連が崩壊し、エリツィンのロシアが誕生すると、米国人経済学者が勇躍乗り込んで、ロシア資本主義改革を助言した。無謀とも言える荒療治だったためドサクサに便乗したオリガルヒが生まれた。かれらの多くがユダヤ人だった。

中国の経済改革は米国人経済学者が乗り込んで助言すれば、意外と回復軌道にのるかもしれないが、習近平は外国の言うことに耳を傾ける寛容な心の持ち主ではない。中国のオリガルヒは全体主義の権力の特権であり、この特権をはぎ取るような改革は必ず潰される。したがって中国の経済が今後再浮上するシナリオは考えにくい。ましてトランプは中国経済にギャンブルを推奨する以外、適切な助言はしないだろう。

２０２３年9月22日、中国の韓正・国家副主席は国連総会の一般演説で、「中国市場を世界に一段と開放する」と歯が浮くようなことを表明した。本来なら国連演説は習近平の晴れ舞台となるはずだったが、このところ国際舞台からは遠ざかり、G20などに王毅外相を派遣した。王毅もマルタ島でサリバン米大統領補佐官と長時間話し合った後、国連総会には向かわずモスクワへ赴いてプーチンと面談している。

国連演説で韓正・副主席は「中国は独立した外交政策を取り、国家の主権と領土の一体性を守る決意」があるなどと表明した。

「全ての国の合法的な安全保障上の懸念に対処すべきで、全ての国の主権と領土一体性も尊重されるべきだ。相違や紛争は対話と協議を通じて平和的な方法で解決しなければならない」と遠回しにウクライナ問題にも触れた。コロナ禍時代の「マスク外交」の強引さや「戦狼外交」のような強烈な中華ナショナリズムを表面に出さず、「国際協調」などと、中国がもっとも不得手なことを唱えるのだから聴衆はシラける。

　中国の弱気の原因は欧米の経済制裁によるサプライチェーンの寸断ばかりか、ドルの稼ぎ頭だった輸出が激減し、不動産不況の直撃で足下がふらつき始めた現実を、中国共産党上層部が認識できたからだ。

「マンションは人間が住むところだ」と習近平が投機ブームに水を差して、規制を強めたら、デベロッパーが軒並み破産、購入者の不満が爆発し、それなら規制を緩和して「バブルよ、もう一度」とジグザグ路線を露呈したものの、国民は蝦蟇口《がまぐち》（財布）をしめたままである。

　住宅ローン金利をさげ、頭金比率を下げたうえ地方政府にあたらしい債券起債を強化した。何ほどの効果も無かった。産業、とくにＡＩ、半導体の育成に天文学的な補助金を準備したうえ、株式市場の規制も緩和した。それでも米国との金利差が主因で外国ファンドは中国からエクソダスを演じた。

　経済政策の緊急措置はほとんどが裏目に出た。中央銀行総裁と財務相を交替させたが、現在の中国経済に救世主は現れない。経済通の共青団を習近平が敵に回した以上、経済の人材は決定的に不足するに到る。かつて朱鎔基、温家宝、李克強各首相は経済に明るかったが……。

政策の立案と決定は政治家の力量にかかっている。経済政策は国務院の専管事項だった。ところが習近平は十数もの経済小組を立ち上げたまでは良かったが、すべての議長を兼ねたため、官僚たちはそっぽを向いた。

国務院総理、つまり中国の首相は経済にど素人の李強（64歳）、補佐役の副首相は4人いる。丁薛祥、何立峰、張国清、劉国中だ。

もっともパワフルなのは政治局常務委員を兼ねる丁薛祥（61歳）だ。丁は江蘇省南通出身で、エンジニアから政治家に、中央弁公室主任（米国で言うと首席大統領補佐官にあたる）から序列6位へジャンプ。習の「側近中の側近」とされるものの経済政策に辣腕を振るえるかどうかは未知数である。中央国際フォーラムなどに出席しているが、外遊歴はすくなく国際的にも未知数。

何立峰（68歳）は李強首相のもとで国家発展改革委員会主任を務めており、主に経済関係の業務を担う。何は廈門大學で経済学博士。財政金融の専門家として頭角を現し、87年廈門副市長のときに習近平の腹心となる。天津の爆発事件などの責任を問われず、トントン拍子で政治局員に出世した。4人いる副首相のなかで、何立峰がもっとも政策通であろう。

張国清（59歳）は兵器関連の企業で長く勤務し、重慶市長、天津市長、遼寧省書記などを務めた。張は河南省生まれだが、清華大学で経済学博士、つまり「清華大学閥」で政治局員である。23年9月12日にはウラジオストクで開催されて「東方経済フォーラム」に習の名代として参加し、プーチン大統領と会談した。その席でプーチンの一帯一路フォーラム出席の確約を得た。

劉国中（61歳）は、黒竜江省出身で同省副省長、吉林省で省長、陝西省省長、書記などを務めた経歴があるが、中央政界に躍り出て政治局員となった。9月7日からの北朝鮮訪問団の団長格として金正恩と会見した。

この副首相たちは、何立峰を除き若いので、次の執行部を担う可能性が高い。

## 南太平洋諸国の中国への信用が低下

太平洋の島嶼国家へ中国の援助が顕著に減少していると豪州シンクタンクが報告した。「ローウィ研究所」の報告書（10月30日付け）に拠れば、南太平洋諸国の中国への信用が著しく低下し、米・英、日本の影響力をめぐる競争が激化した。中国の南太平洋への援助目的は長期的には軍事同盟、当面は政治的同盟国を企図しているとした。

とくに軍事面での関係強化に動いたのはソロモン諸島とバヌアツなどだが、旧日本軍が造った軍港の工事を中国企業が請け負うなどきな臭い行為を米豪は警戒してきた。この問題の責任者だったカート・キャンベル調整官は先頃、国務副長官に指名された。

オーストラリアにとって南太平洋諸国は「前庭」だ。地政学的に重要な地域で、海外からの援助に依存する14の島嶼国において、中国の経済的影響力が失われつつある。とくに2022年にソロモン諸島が中国と安全保障協定を締結してから、中国海軍の足がかりではないかと懸念が拡がっていた。住民の反中国感情が凄まじく、たびたび反中暴動が起こった。

また中国の影響力の増大を懸念する米国が外交的な反撃を開始し、援助を強化し、パプアニューギニアなどにテコ入れして大使館を復活させ、またニウエをはじめて外交承認した。

2022年9月29日、米国はこれらの島嶼国家の元首をワシントンに集めてサミットを開催している。ニューカレドニア大統領ルイ・マポウ。トンガ首相フアカヴェメイリク・

シャオシ・ソバレニ。パラオ大統領スランゲル・ウィップス・ジュニア。ツバルの首相カウセア・ナタノ。ミクロネシア大統領デービッド・パヌエロ。フィジー首相フランク・バイニマラマ。ソロモン諸島のマナセ・ソガバレ首相。パプアニューギニアのジェームズ・マラペ首相、マーシャル諸島のデービッド・カブア大統領。サモアのフィアメ・ナオミ・マタアファ首相。フランス領ポリネシアのエドワード・フリッチ大統領。クック諸島のマーク・ブラウン首相が参加した。

米国が焦った理由は中国の政治工作によって台湾断交が増えたからだった。

２０１９年にソロモン諸島とキリバスが台湾から中国に外交関係を変更し、引き替えるかのように中国はソロモン諸島とキリバスへの援助を増やすなど露骨なマネー外交を展開してきた。

２００８年以来の中国の太平洋に対する39億ドル援助は主にクック諸島、フィジー、ミクロネシア、ニウエ、パプアニューギニア、サモアなど外交関係のある国々に向けられていた。フィジーでは首都スバの南太平洋大学に孔子学院も開設した。パプアニューギニアの最高級ホテルには中華門をたてた。

中国は太平洋地域において、49％を提供するオーストラリア、アジア開発銀行に次いで

3番目に大きな援助提供国となっていたが、トンガを含む太平洋諸国が多額の負債を抱えたままになった。

トンガは住居が集中する中心部でも平屋建てがほとんど、例外的に2階建てがあるが、中国大使館だけが3階建てである。中国は太平洋市場におけるインフラ投資の30％を占めていたが、その後、半減した。

## EVの限界が見えてきた

かつて自動車と言えば米国、ドイツ、そして日本だった。英国とフランスが後塵を拝し、イタリア、スウェーデンも続いた。

自動車戦争は欧州諸国が日本車への嫌がらせを行い、米国はスーパー301条、ローカルコンテンツ法などで日本勢の米国進出をうながしたものの、クライスラーは倒産し、気がつけばトヨタが世界一になっていた。ハイブリッド車が市場を席巻した。2023年9月決算速報でトヨタの利益は3・9兆円と史上空前だった。

ところが日米自動車戦争も、公害対策、環境保護が五月蠅《うるさ》くなったため「脱炭素」という伏兵がぬっと現れて、ＥＶ一色となった。驚くべし、この波に乗った中国がＥＶ世界一となって、狐につままれるような幻覚症状が続いた。

なにしろＧＭもＶＷもＥＶに切り替え、もっとも対策が遅れたのが日本の自動車メーカーという構図に変貌していた。

そしてまた産業地図は変化する。

三菱自工がＥＶプロジェクトの中国生産をやめて合弁を解消する。マツダが続きそうな雲行き。トヨタも中国工場で１０００人の首切りを実施し、スリム化している。ホンダも同様。トヨタは中国生産を減らし、インドに３つ目の工場を建てる。

理由は何か？　ＥＶ市場は価格競争が激しく、補助金をつけて強制販売の全体主義国家では利益がほとんどでないこと。エンジン政策に代替するバッテリーが自動車全体コストの40％を占め、リチウムの価格暴騰なども生じ、ＥＶの限界がみえてきた。

それればかりかＥＵは２０３５年に内燃エンジン全廃を決めていたが、達成不可能と悟ってこっそり撤回した。ハイブリッドとの共存になる。くわえてＥＵは中国ＥＶの補助金の実態調査に入り、制裁を準備している。

そもそも脱炭素とは寝言に近い。先進国は必死の努力をつづけて省エネに邁進しているが、中国やインドは脱炭素を口では譫言《うわごと》のように唱えながら、公害対策には後ろ向きである。福島第一原発の処理水を「核汚染水」などと難癖をつけて日本からの魚介類の輸入を禁止したが、中国の汚染度は日本の6・5倍だったことがばれた（中国人ツアー客が日本に来て真っ先に行くのが寿司屋。矛盾も甚だしい）。

ＥＶの大宣伝も同じパターンなのである。

## 中国の新興ＥＶメーカーの破綻が目立つ

中国のＥＶ市場に大変化の動きがある。

恒大集団がＥＶに乗り出したが、９００台しか売れず、倒産した。雨後の竹の子だったＥＶメーカーの75社が倒産すると予想され、生き残る中国ＥＶはおそらく12社程度となるだろう。

中国の新興ＥＶメーカーの破綻が目立ち始めたのは２０２１年からで、これまでに新興ＥＶの大半が倒産した。なかでも大型倒産は異業種のデベロッパーからＥＶに殴り込んだ恒大だった。スウェーデンから技術者を呼びこんで工場を建設したがだめだった。２０２

1年には、拜騰汽車（バイトン）が破綻し、22年には奇点汽車が破綻した。

EVの新興会社は米国でも、ローズタウン・モーターズが破綻した。米国のEV生産は23年第一四半期をみるとリビアンが9395台（年産目標5万台）、ルシッドが2314台（同1万台）、フィスカーが553台（月産目標6000台）と惨状をしめし、株価は2年前のピークから8割以上も下落した。

米国は自由競争ゆえに消費者が「これはダメだ」と言えばおしまいである。テスラの独占市場となっている。

つづけて中国EVの「雷丁汽車」が倒産した。山東省濰坊《いほう》市に本社を置くマイクロEVメーカーの雷丁汽車は地元の裁判所に破産を申請した。この雷丁は2012年に創業しており、「低速EV」のトップ企業だった。最高時速が70キロ以下、駆動用電源として鉛蓄電池を搭載した四輪車。つまりドライバーは運転免許を取得しなくても運転できる。このため2017年には130万台を売った。しかし、法律が変わって売れ行きが激減した。

現在、中国市場におけるEVは、「比亜迪（BYD）」とテスラなどの欧米勢がしのぎを削り、2割値下げは常識、ブームとはいえ各社の収益には結びついていない。

2022年まで2倍となって急拡大した中国EV市場は一転し、淘汰・再編ムードに切り替わった。「愛馳汽車」は従業員の給与を支給できなくなり、2022年の販売はわずか536台だった（従業員とその親戚が購入しただけではないのか）。拝騰汽車、賽麟汽車など新興自動車メーカーも市場から消えた。威馬汽車も経営困難となった。これらのメーカーでは給与支払いが止まっている。

ほかの市場を見渡すと高温多湿のインドネシアやタイでは、電池の劣化が顕著でEVの市場占有率は6％以下。ちなみに日本ではテスラもBYDも売られているが、すくなくとも筆者はBYDが町を走っている現場に行き合ったことがない。

荒々しい淘汰の波がやってきた。

トランプは国内シェールガス開発に積極的だったように過度のEVブームに歯止めをかけるだろう。

なぜか？　トランプはエネルギー産業のテコ入れで資源州を抑えてきたが、つぎに自動車労組を味方にするために、EVに反対している経緯があるからだ。全米自動車労組はEV化は雇用につながらないとして反対し、45日間のストライキを決行した。

ちなみに米国におけるEVのシェアは僅かに1・2％である。

## 米国の土地を中国資本には買わせない！

米国の中国制裁はトランプが開始し、バイデン政権はむしろ強化したかにみえるが、じつはザル法だった。

日本と同様に米国では中国資本の土地買いが進んでいた。そこでサラ・ハッカビー・サンダース（アーカンソー州知事。女性）は、「中国系企業にアーカンソー州の農地売却を義務付ける」と発表し、外国人が州内で「農地を所有」することを禁止する全米初の措置を講ずるとした。

シンジェンタ社の子会社「ノースラップ・キング・シード社」はアーカンソー州クレイグヘッド郡に所有する160エーカーの農地を2年以内に売却する必要があるとした。シンジェンタはスイスが本社。種子と農薬、バイオ、穀物遺伝子などのビジネスをする国際企業で、2017年4月に中国の国営企業「ケムチャイナ」が買収した。中国名は「先正達（シンゼンダァ）。日本にも支社がありゴキブリ駆除剤なども扱っている。

ケムチャイナは国防総省によって、「中国軍事企業」と認定されている。「外国の政党が管理する企業」がアーカンソー州で土地を所有することを禁止する法律をアーカンソー州議会が可決していた。

ハッカビー知事は「米国進出の中国企業が米国の研究を盗み、自国に米国の農場を標的にする方法を教えている。これは米国の国家安全保障と農民にとって明らかな脅威である。とくに中国政府が海外にいる中国人に対し、問答無用で自国の治安当局と諜報活動に協力することを義務付けた法律を制定して以来、顕著である」とした。

もし、シンジェンタが売却を拒否した場合、アーカンソー州から「強制退去」させるための法的手続きを進めると州司法長官は強硬な態度を示し、また罰金について「この物件は112万ドルの価値があるため、罰金は最大28万ドルになる」と述べた。次々と中国企業に土地を買われている日本、このアーカンソー州の決定を見本とすべきではないか。

なおハッカビー知事はトランプ政権でホワイトハウス報道官。民主党支持のレストランの入店をことわられるという事件があったほど、共和党内でトランプ支持者だ。父親のマイク・ハッカビーも元同州知事で大統領選挙に立候補したことがある。ビル・クリントンも1979年から81年、83年から92年まで、同州知事を5期務めた。

トランプは「アメリカ・ファースト」だが、同時に「ビジネス・ファースト」である。

中国の巨大市場と徒らに敵対してビジネスを失なうより、無意味な制裁は解除して中国に恩を売り、商圏を拡大したいとする米国財界の思惑とも合致する政策を選択する。

トランプは中国という強敵に対してバイデン路線から離れてハイテク封鎖はもっと強硬にするが、ビジネス競合ではむしろ緩和路線を選択するだろう。

「米国第一」が国益を考えられる基本姿勢に立脚するとすれば、米中間の交易まで台無しにしたいとは考えないだろう。自信家でもあるトランプは、習近平を説得できると考えている。

# 第六章

# プーチン退場の後は
# チンが支配者？

## ロシアのアネクドートがどぎつく真実を物語る

抱腹絶倒のロシア式ジョーク（アネクドート）のひとつ。
「100年前にロシアを支配したのはラスプーチン。現在はプーチン、100年後はチンになる」。

ロシア人にかわってチンギス・ハーンの再来か、中国系タタールがロシアを従えるだろうと暗い未来が描かれた。ロシア人はいまでもタタールの軛《くびき》を懼れている。ロシアにとって「キタイ」とは中国人であり、それがタタールだと誤認している。だから「100年後はチン」となる。

中露逆転の屈辱に耐えてプーチンが石油ガス輸出拡大を狙ったのが、習近平の顔を立てての一帯一路国際フォーラムへの出席だった。図に乗る習近平は「ウラジオストックなど沿海州を還して欲しい」とプーチンに言ったか？

2023年10月17日に訪中したプーチン率いるロシア代表団は、金融、エネルギー、農業、軍事などの分野から数十人の高官に加え、大手銀行ズベル銀行、VTB、フネシュコノムバンクのＣＥＯやらガス大手「ガスプロム」、石油大手「ロスネフチ」のＣＥＯも随行していた。ロシア国営の二大企業のトップも随行しての訪中は、どれだけプーチンにとって中国が重要かという認識の表れだ。

プーチンがかつて「兄貴分」として習近平をあしらった傲岸さは微塵もなかった。中露間の力関係が逆転していた。

ロシアが依然として「世界の大国の一つ」であることは幻想かもしれないとロシア人の多くが認識し始めており、２０２４年に予定されているロシア大統領選挙を前にして、プーチンはロシアが世界に孤立していない実情を喧伝する必要があった。

プーチン訪中随行記者団は北京におけるハンガリーのビクトル・オルバン首相との会談をことさら大きく報道した。

ハンガリーは旧ソ連圏にあったがいまやＥＵ加盟国。ロシアからいえば「西側」の国、しかもロシアを敵視するＮＡＴＯ参加国である。そのハンガリーのオルバンがＥＵの決定に叛旗を翻する一方で「世界を救うのはトランプだけだ」と言っているのである。

ロシアの一部メディアはプーチン・オルバン会談をじつに大げさに書いた。「この映像は多くの西側政治家に心臓発作を引き起こす可能性があります。見てください、ハンガリーの国旗が描かれた車がプーチン大統領のもとにやってくるのです」とプーチン翼賛のロシアのテレビが叫んでいた。

習主席との会談に3時間以上を費やしたプーチン大統領は、記者会見では中露会談の成果を述べず、ひたすら米国との対立、ウクライナ戦争、イスラエルとハマスの紛争を話題にして中国といかなる取引があったかを一切語らなかった。

じつはロシアは農作物と石油、ガスについて中国がもっと輸入を増やしてくれることを期待した。とくにウクライナ農産物を代替する小麦の輸出が目標の一つだった。国営タス通信は、ロシアと中国が北京で250億ドル相当の「最大の穀物契約」に署名したと報じた。

ウクライナ侵攻のあと、ロシアのガス輸出は減少、深刻な状況に直面しており、就中、海底パイプラインで結ばれたドイツとの取引がなくなった。そのうえ、ノルドストリーム2が爆破された。トルコへ向かうサウザンパイプラインは維持されているが、量的にも金額的にもたかが知れている。中国はロシアの窮状を知っているから同情を装い、中露関係は強固であると唱えながら、舞台裏では徹底的に値切るうえに、担当はリベートを要求する。

また地政学的な安全保障の観点から北極圏ルートを経由するLNGガスもプーチンは譲歩して中国に認めた。天然ガスの中国供給を増加させるプロジェクト「パワー・オブ・シベリア2ガス・パイプライン」に関しては建設合意がなされた。

ガス輸出はロシアのドル箱だった西欧（年間1500億立方メートル）の黄金ビジネスが途絶えたため、中国への新規パイプラインはモスクワにとって死活的である。ロシアは中国に妥協に次ぐ妥協を重ねて外貨確保拡大を狙った。それがプーチン訪中最大の目的だった。

## オルバンは公言する「はやくトランプを呼び戻せ」

オルバン（ハンガリー首相）は、前々から次の発言をしてきた。

「ウクライナ紛争は2つのスラブ国家間の対決であり、世界の他の国々が巻き込まれるべきではない。ところが西側諸国のほとんどが敵対行為を拡大するために手を尽くしている」

この発言は真実を物語っている。2023年9月29日、コシュート・ラジオのインタビューで語った発言である。

「キエフとモスクワの紛争は〝我々の戦争〟ではない。2国間のスラブ兄弟戦争である。このため、他国は感染を隔離し、さらなる拡大を防ぐことに努めるべきだ。西側諸国は明確な目標を持たずに深刻な結果を招く危険にさらされており、このアプローチは間違っている」

オルバン首相はまた、「戦争終結前にウクライナを欧州連合に加盟させるのは間違いだ。キエフとモスクワには領土問題があり、そのためウクライナが最終的にどのくらい大きくなるのか、小さくなるのか、そして敵対行為が終わったときにどのくらいの人口が残るのかを予測するのは難しい」と指摘した。

EUでは、異端と取られているオルバンだが、発言内容はたいそうまともである。もっともロシアとハンガリーにはそれぞれの国益があり、両国の意見がすべてで一致するはずはないが、EUの大多数の意見とは大きな差違がある。

北京でのプーチンvsオルバン会談で、プーチン大統領は、現在の地政学的状況下では接触機会は限られているが、「ハンガリーとロシアは危機にもかかわらず良好な2国間関係を維持している」と指摘した。

一方、オルバン首相は、ロシアに対する西側制裁がハンガリーと同国との関係に悪影響を及ぼしていることを認め、「ブダペスト（ハンガリー政府）は協力関係のあらゆる側面を維持できるよう積極的に取り組んでいる。ハンガリーはロシアとの対決を決して求めなかった。それどころか、ハンガリーの目標は関係を確立し、改善することであった」と付け加えた。

ハンガリーとロシアの協力関係を象徴するプロジェクトは、エネルギー供給とハンガリーの原子力発電所の建設である。

オルバンは「西側はキエフへの過度な軍事支援ではなく緊張緩和が先決であり、制裁はロシアよりもEUに悪影響を及ぼし、クレムリンの政策を変えることはできなかった」と総括した。

「当確」印が点ったトランプは、「ホワイトハウスに入ったらまずウクライナ戦争を停戦させる」と豪語していることは、先に述べた。であるなら仲介するのは誰か？

習近平でもエルドアンでもなく、このオルバンこそ、もっともふさわしいのではないか。オルバンは公言しているのだ。

「はやくトランプを呼び戻せ、トランプが世界を救う」と。

第六章
プーチン退場の後はチンが支配者？

## ゼレンスキーはユダヤ教からカソリックへ改宗し、暦を変えた

ロシアにとって意外な、いや心外な事件が続いた。

ウクライナのゼレンスキー大統領はクリスマスをカソリックの12月25日にすると発表した。これはウクライナ宗教史を揺るがす「大事件」である。

ロシアとイスラエルは、この問題に異常な関心を抱くが、ゼレンスキー自身はユダヤ教からカソリックへ改宗し、けろりとしていた。イスラエルがウクライナ支援に冷淡だったのは、この宗教的要素である。

日本のように宗教観が薄い国民は深刻な問題だという認識がない。

ウクライナ戦争の深層にあるのはローマカソリックｖｓロシア正教との闘いであり、カソリックは信者獲得作戦を、援助を引き替えに舞台裏で展開してきたのだ。

23年7月28日、クリスマスをロシア正教会が採用するユリウス暦（旧暦）の1月7日から、カソリック教会と同じ西暦の12月25日に変更する法案にゼレンスキーは署名した。ロシア正教会との決別を宣言したことになる。

ウクライナ議会のＨＰにかかげられた法案説明では、「アイデンティティを求める絶え間ない闘争が成功を収めたことは、ウクライナ人全員が独自の伝統や祝日を持って自分の人生を送りたいという願望に貢献している」との文言があって、この法律の目的は「ロシアの伝統を放棄することだ」と明記された。基本的にカソリック文化に転向したとは書かれていない。

ウクライナ正教会はコンスタンチノープル（いまのイスタンブール）を拠点とした東方正教会がアルメニア、グルジアを経由して10世紀にウクライナに拡がった。ロシアより早くキリスト教を受け入れたのだ。いわば先輩格であるにもかかわらず、ウクライナ正教会はソ連時代の宗教弾圧の残滓《ざんし》を引き継いでロシア正教会の管轄下にあった。

２０１４年のクリミア併合以降、独立機運が高まり、２０１８年にロシア正教会管轄から独立した。一部は地区の独自性からロシア正教会傘下にとどまっていたが、ロシアによるウクライナ侵略以後は、関係断絶を宣言していた。

ロシアのミサイル攻撃は、こうした改宗教会が標的となった。最初の攻撃は２０２２年3月12日、ドネツク州のウクライナ正教会（モスクワ総主教庁系）修道院の近くで爆発があった。この大修道院はモスクワの管理から離脱したばかりだった。

２０２３年７月23日、ユネスコの世界遺産となったオデッサ大聖堂がミサイル攻撃で損壊した。ウクライナはロシアの攻撃と批判しているが、ロシアではウクライナが戦意を高めるための自作自演説が根強い。真相はわからない。

戦争が始まる３年ほど前に筆者はオデッサに４日間ほど滞在した経験がある。絵に描いたように綺麗な町でオペラ座前の広場にはエカテリーナ女帝の像が聳えていた（その後撤去）。観光名所の「ポチョムキンの階段」付近は世界からの観光客に溢れ、付近に日本料亭があったことは新鮮な驚きだった。

クルーズ船で黒海沿岸をみた。豪華別荘がたちならび、じつに壮観、豪華ヨットも舫《もや》われていた。旧市内の中心部だけが寂れた感じをうけた。ガイドに聞くとユダヤ人街で多くが海外へでていったから空き家が多いと解説された。

攻撃されたオデッサ大聖堂を含む世界遺産の「歴史地区」には豪壮華麗な建物が林立し、美術館も、劇場も、そしてチェーホフ文学館もあって４日間ではすべてを回りきれない。

ロシアは戦争中に教会の攻撃は極力控えてきた。例外はロシア正教会がウクライナ正教会に宗旨替えした教会だけだった。

ウクライナの宗教分布は東方正教会（ロシア正教）が７割だったが、ロシアの侵略以後、この分布地図は激変し、各宗派のシェア拡大争いとなった。カソリックへの改宗が目立ち、現在の推定で12％程度がカソリック教徒ではないかといわれる。バチカンはウクライナを全面的に支援している。

欧州の信仰の度合いには温度差があるとは言え、おおむねカソリックである。プロテスタント系が強いのはドイツくらいだろう。米国はプロテスタントの国の筈だが、諸派に分裂しているため少数派のカソリック信者の大統領はJFK以後、政治的主導権をもつようになった。バイデンもカソリックであり、ゼレンスキーのカソリックへの改宗もそうした回路で結ばれている。

## プーチンはマクロンを相手にしなかった

批評家に言わしめると「EU本部は偽善者の集まり、左翼が結集して無駄な規制をきめるために侃々諤々《かんかんがくがく》、膨大な書類づくりに精を出し、EUが世界史の主役のように偉そうに振る舞ってきた」。

何を決めてきたかと言えば、異常気象対策、排ガス規制、LGBT擁護など国家安全保障とは無縁の社会主義的な政策推進だった。欧州議会は左翼の支配する場となった。その偽善が汚職摘発によって暴かれ権威は地に墜ちた。

ネズミのようにちょろちょろと舞台を走り回ったフランスのマクロン大統領は北京の習近平皇帝に会いに行くと大歓待されて有頂天になった。ウクライナ戦争ではモスクワとキエフの間で、廊下鳶を演じたが、道化師かとプーチンが相手にしなかった。

ゼレンスキーはEU諸国でフランスがもっとも援助が少なく（日本より少額）、武器の提供をほとんどしないのに何を抜かすかという顔をしていた。そこでマクロンはG7に訪日を希望していたゼレンスキーにフランス機を提供してご機嫌を取った。

G7直後のフランスにおけるマクロンの支持率は最低ラインに近く国民連合（旧「国民戦線」）のルペン女史がリードしている。

ルペンの党は地方議会で圧勝を続けた。

もしフランス大統領選が明日実施された場合、トランプ大好きのマリーヌ・ルペンがマクロンに勝利するとの世論調査の結果がでた。仏BFMテレビの委託で調査会社エラブが行った世論調査で得票率はルペンが55％、マクロンが45％となった。この世論調査に慌ててマクロンが言った。

「もし私たちが国の課題に対応できず、現実を否定する習慣を持ち込んだ場合、マリーヌ・ルペン氏が（権力の座に）登場するだろう」

マクロン不人気の主因は年金改悪である。フランスの退職年齢を62歳から64歳に引き上げるという制度改革は、フランス全土で抗議活動が発生し、デモ隊は警官と衝突を繰り返し大荒れとなった。

## 西側は一枚岩ではなく団結の絆は弱い

5月21日、テレビ出演でルペンは「マクロン氏の改革は完全に失敗に終わった」と語った。ルペンはウクライナ問題でも冷ややかで、この基調は援助削減を唱えるトランプと同じ軌道を歩む「フランス・ファースト」である。

さきの選挙でルペンの政党はロシアの銀行から融資を受けた。それはEUの銀行がどこもルペンに資金を貸してくれなかったからだ。クリミア半島の帰属に関してもルペンの立場はEU主流の左翼や米国のネオコンとは異なり、もともとロシア所属なのだと歴史的事実を挙げた。

「ロシア帝国は18世紀にオスマン帝国からクリミアを獲得しました。したがって私は住民投票を全面的に支持します。クリミア住民はロシアとの再統一を目指して、投票によって自由に意思を表明したのであり、完全に合法だった」

ニキータ・フルシチョフの気まぐれによってクリミアは当時のウクライナに譲渡されたが、それ以前の60年間は一貫してロシア領だった。だから、とルペンは付け加え「住民投票後にクリミアから逃げた難民はいなかった」。

クリミアのロシアへの復帰は「不法併合」ではないとのルペンの主張は、2017年1月にフランスのテレビで、23年2月にはCNNに表明された。かっとなったゼレンスキー政権はルペンにウクライナへの入国禁止処分とした。

ウクライナのゼレンスキー大統領と政権幹部は、「1インチも領土の妥協をしない」と豪語し続けており、「クリミアを占領したら、ロシア語を禁止し、ロシアと協力した疑いがある人物を追放する」と放言している。あるウクライナ高官は「クリミアに（ウクライナ軍が）入ったらすぐに、クリミアにいるロシア人をすべて根絶しなければならない」と無謀なことを語った。

ルペンの政治姿勢はトランプやデサンティス（フロリダ州知事）と近い。しかし妊娠中絶や同性愛を容認しているが、同性婚には反対である。確固としてカソリックである。ルペンは反ユダヤ主義的発言を理由に党創設者だった父親を除名した。ルペンはムスリム移民の排斥を唱えてはおらず、「フランス社会にふさわしいイスラム」を求めていくとしている。

ルペンはまた二重国籍の廃止を訴えており、これらのルペンの姿勢はフランスのカソリックや保守派から強く支持されている。

かくしてマクロン仏大統領は米国主導の中国政策から距離を置く立ち位置を鮮明にしたためEU内に亀裂が入った。NATO加盟国内部でもトルコとスウェーデンの対立が鮮明化し1年ほど揉めた。

西側は一枚岩ではなく団結の絆は弱い。しかもトランプはややもすればモンロー主義的な傾向があり、米欧同盟の強化には消極的である。あえて問題を解決しようとはしないだろう。

そして米欧同盟をすっ飛ばして、トランプは自信満々でモスクワへ乗り込み、プーチンと握手するだろう。

## 中国企業がワグネル軍団に偵察衛星を売却していた

一方、相手が弱いとみるや徹底的につけ込むのが中国の伝統である。冒頭のアネクドートにあるように「100年後のロシアを支配するのはチン」を目指しているからだ。

西側のロシア制裁で、経済的に追い込まれたロシアにとって「白馬の騎士《ホワイト・ナイト》」はチャイナだった。石油、ガス、農作物をダンピングで買いたたき、気がつけば夥しい輸入量となった。しかも決済を人民元で行い、ロシアを人民元経済圏に加えた。

ロシア外務省アジア第一局長ゲオルギー・ジノヴィエフによると「ロシアと中国の貿易の『非ドル化』は実質的に完了した。22年の初めには25％前後だったが、23年9月には8割を超えた」

22年に既にロシアの中国との輸入決済で人民元がドルを追い抜いた。アントン・シルアノフ財務大臣は、「もはやドルを信頼していない。ドルはまったく信頼できない通貨だ」と豪語した。

ロシアのマクシム・レシェトニコフ経済開発大臣は23年10月20日、「ロシアが西側通貨から急速に移行中であり、ロシアの対外貿易におけるルーブルと人民元の決済の割合は70％まで急増した。貿易の7割はルーブルと人民元で行われ、中国との貿易の95％はルーブルと人民元で決済されている」と述べた。

ＳＷＩＦＴから排除され、ロシア経済は沈没する筈だった。バイデンの思惑は誤算に終わった。ＳＷＩＦＴとは、銀行間の国際金融取引に係る処理の機械化、合理化、自動処理化のシステム。銀行間の国際金融取引に関するメッセージを通信回線で伝送・決済する。ロシアの除外は国際取引に甚大な被害がでる。ロシアは、そこで中国の決済システム（ＣＩＰＳ）を利用して延命した。

また中国が、軍事面でもロシアを支援していることは明白な事実である。

ワグネル軍団と中国企業の偵察衛星契約の署名は２０２２年11月15日だった。契約書類の証拠写真をＡＦＰが入手した。プリゴジンが健在の時期である。

中国の北京雲沢科技は軍関連の人工衛星企業ＣＧＳＴ製造の人工衛星を2基、運用技術込み３０００万ドルで、プリゴジンのダミー企業「ニカ・フルット社」へ売却した。地表５３５キロから偵察する能力をもつ。「ニカ・フルット社」は食糧貿易企業として登録されており、アフリカ諸国へ食糧や鉱物資源の輸入もしている。

ＣＧＳＴは中国の民間人工衛星企業「長光衛星」で、１００基の人工衛星を打ち上げ、近く３００基態勢にするというから「中国版『スペースX』」だ。

この偵察衛星はワグネル軍団が派遣されているリビア、スーダン、マリ、中央アフリカなどで活用された。しかし『モスクワタイムズ』（２０２３年10月５日）に拠れば、偵察範囲はウクライナが主力だったほか、国境からモスクワ、ライバルの傭兵部隊チェチェン軍団の本拠地グロズヌイの偵察もカバーしていたと報じた。ワグネルは「雇用主」も「味方」も信用していなかったことを意味する。

米国は北京雲沢科技を、制裁リストに追加した。米商務省はすでに23年２月の段階で、この情報を把握しており、制裁追加リストには中国の80社の企業が含まれた。この事件を欧州の中国専門家は「おそらく北京政府が関与しない案件で、それほどに中国軍の整合性に疑問の余地がある」とした。

## トランプは中ロ関係の乖離《かいり》を狙う

２０２３年10月13日、プーチン大統領はキルギスの首都ビシュケクで開催された「独立国家共同体（ＣＩＳ）首脳会議」に出席した。

プーチンはジャパロフ大統領との会談で、キルギスにとって重要な貿易相手国であり、最大の投資国であるロシアの重要性を強調、両国の協力関係をさらに発展させると述べたあとの記者会見で次の発言をした。

「米国メディアは悪い。イスラエルを奇襲したハマスがウクライナ製兵器を保有していることは、キエフの風土病的な汚職を勘案すれば、武器の密輸は可能である。西側諸国の支援者によってウクライナに供与された武器の一部がハマス過激派の手に渡った可能性は、おそらく意図的な引き渡しというよりも汚職と関係がある。ウクライナから武器の搬入があったことは疑わしいが、ウクライナから武器の漏洩があったことは疑いない」とした。

「私たちはウクライナの汚職レベルが非常に高いことを知っている。武器の闇市場は買いたい人が多いときに成立し、ウクライナには売りたい人がたくさんいる」と付け加えた。

またウクライナ人の犯罪組織がアフリカや中東諸国を通じて国際市場で武器を「間違いなく売っている」と指摘した。

ロシアのワグネル軍団がアフリカ各地に展開していることから軍事的な情報を摑んでいるのだろう。またウクライナ政府自身、汚職体質を自覚しており、捜査機関のＳＢＵと汚職摘発委員会（NABU）の共同捜査でスミー市長を逮捕したほか、85の汚職案件を取り調べ中だ（『キエフポスト』9月27日）。

CIS首脳会議が開かれたキルギスの首都ビシュケクの近郊カントにはロシアの軍事基地があって500人ほどが駐屯し続けている。中央アジア5ケ国のうち、カザフスタン、トルクメニスタン、ウズベキスタンをのぞき、タジキスタンにもロシア軍が駐屯している。カザフスタンのチェタラムには宇宙への衛星打ち上げ基地「バイコヌール」を1955年に建設してスプートニクなど数々の衛星をうちあげてきた。

最近は設備老朽化とカザフへ支払う賃料の問題があり、規模を縮小し、主力の宇宙基地は極東シベリアへ移転した。北朝鮮の金正恩がロシア訪問のさい、プーチンと会談したのは、このシベリアのアムール州にあるボストーチヌイ宇宙基地だった。

ことほど左様に旧ソ連領におけるロシアの影響力も目に見えて衰退した。ロシアは極東シベリア開発に手間取り、また沿海州のウラジオストクやナホトカの開発に巨費を注ぎ込んできたが、経済の発展は芳しくなかった。

そろそろ中国がプーチンに打診するだろう。

「愛琿条約と北京条約で清朝時代に沿海州はロシアに帰属してきましたが、その維持はさぞ御負担でしょう？　なんならウチで買い取りますよ」。

このような状況が起こるとトランプはどうするか。トランプはロシア関係を重視しており、ましてや中露関係の深化を望んでいない。トランプの地政学的理解では米国の主要敵は中国なのだから、その背後にあるロシアとは、むしろ仲良くすべきであり、中露関係の乖離を狙うはずである。

そしてもう1つ。トランプは北朝鮮を北京とモスクワの関係を潰乱《かいらん》するために利用し、金正恩と4度目の会談に臨むだろう。

## 金正恩とトランプの3回の会談

北朝鮮を日米側に取り込む破天荒のシナリオをトランプは描いているかも知れない。トランプは対中、対ロ交渉に金正恩を駒として逆利用することも考えられる。

拉致問題があるため日本と北朝鮮との意思疎通は難しく、建設的な対話は成立せず、逆に言えば地政学的に北朝鮮を政治利用しようとする発想が浮かばない。

トランプは北朝鮮を中国とロシアとの絆から距離を置かせ、地政学的に有利な得点を挙げるべくアプローチする。その遣り方は完全に日本とは異なる。トランプ政権で日本人拉致被害者に熱い理解を示したジョン・ボルトン補佐官はトランプに嫌われ、ホワイトハウスから追い出された。

北の「核坊や」を手なずけようと、トランプ前大統領は3回、金正恩と会談した。初回は世界的なセンセーションとなった。2018年6月12日、シンガポールの離れ島のリゾートホテルで開催された。このときは挨拶ていどのジャブの応酬。余興かどうか、金正恩はその夜、日本人観光客で賑わったマリーナ・ベイサンズ・ホテルのバアラウンジに突如現れた。

2回目の会談は2019年2月28日、ベトナムの首都ハノイのメトロポールホテルで開催された。米側は核の全廃と引き替えに経済制裁を解除するとしたが、北は応ぜず、物別れに終わった。合意はなく、ボルトン補佐官は「会談は失敗だった」とした。

3回目は同年6月30日、南北朝鮮の境界線、板門店で開催され、やはりこれという成果はなかった。

ただし3回の会談を通じて、第一に北朝鮮は中国にもロシアにも積極的には与したくないという外交姿勢が判明した。第二に金正恩なる人物が意外に国際情勢に詳しく、米国の情報を把握しているという事実がわかった。

トランプ金正恩会談の根回しに密かに精力的に動いたのは当時のポンペオCIA長官（後に国務長官）だった。2018年にCIA長官として極秘訪朝し、次いで同年5月9日にも訪問したときに公となった。2000年のオルブライト国務長官以来、18年ぶりの米国の高官訪問で、このときは人質の米国人3人が解放された。このポンペオ・金正恩会談でトランプとの会談が実行に移された。

ポンペオの回想録に拠れば、「中国共産党は、北朝鮮が在韓米軍撤退を望んでいると米国に伝えている」と説明。正恩氏は笑って机をたたき「中国人は嘘つきだ」と大声を上げ、「中国は朝鮮半島をチベットや新疆ウイグル自治区のように扱えるように米軍撤退の必要を主張する」と語ったという。

中国への不信は父親譲り、なにしろ金正日の遺言は「中国を信用するな」だった。

このやりとりから、ポンペオは朝鮮半島で米軍がミサイルや地上戦力を強化しても北朝鮮は気にしないと判断したという。また金正恩はポンペオに向かって、「あなたが姿を現すとは思わなかった。あなたが私を殺そうとしてきたのを知っている」と語りかけ、ポンペオは「私はまだあなたを殺そうとしている」と冗談で応じた。

その後、バイデン政権となって米朝の対話は途絶え、金正恩は無謀な核実験、ミサイル試射、ＩＣＢＭ発射実験を繰り返した。

とくに日本の『防衛白書』が北朝鮮の核戦力を「小型核をミサイルに装填した技術をすでに保有しているとみられる」と分析し、岸田政権は「安保三文書」で確認した。事態は深刻な安全保障上の脅威である。にもかかわらず日本のメディアはこの切迫した軍事状況を熱心に伝えない。

米国に届くＩＣＢＭを保持した以上、米国の核戦略と世界の軍の再配置の必要性が産まれ、日本や韓国を守るはずの「核の傘」は破れ傘となった。

韓国が独自の核武装を打ち出したことは主権国家としては当然であり、日本の体たらくとは対照的である。

ユン韓国大統領は過去の歴代反日指導者らとは異なって、ちゃんと国際情勢を見極め、また反日など後ろ向きの政治姿勢から離れて、したたかな力量をしめすようになった。この点でユン韓国大統領は端倪《たんげい》すべからざる政治家になりつつあるのではないか。

## 平壌にトランプタワーが建つ!?

トランプ・金正恩会談からはやくも6年を閲《けみ》し、米朝の対話が断絶したのはコロナ禍、そしてウクライナ戦争による。しかしバイデン政権の熱意が中途半端なことも原因だろう。

この間、何が起きていたか。

西岡力『狂った隣国―金正恩・北朝鮮の真実』（ワック）によれば、金王朝は内部がガタガタで、飢えに対して国民の不満が露呈しており、また軍に備蓄していた国家備蓄食糧の放出を決断したところ、すでに軍隊で食べてしまった後だった。ロシアに武器供与するために備蓄兵器を点検してみれば、ほとんどが錆びて、使えない旧式のものだった。そこで新型の自動小銃10万丁を手配した。暗殺を懼れる金はボディガート部隊を増やし、影武者を10人抱えて、そのうえ極度の肥満による心臓発作と不眠症になやまされている。

2023年9月初旬、金正恩は特別列車でロシア極東へ向かい、プーチンと会談した。その内容は北の武器在庫の供与、また北東アジア軍事バランスを潰乱するためのミサイル実験などと引き替えに食糧援助にある。報道では「食糧は足りている」と金正恩が余裕を見せたことになっている。この肥満総書記は芝居もうまいのか。金正恩の推定体重は140キロ。

金正恩の秘密資金は朝鮮総連の資金がとまり、外貨が枯渇した。「これまで40～50億ドルだった39号資金〈金正恩の秘密資金〉がほぼ無くなった」（西岡前掲書）。

食糧不足に悩む北朝鮮は在外高官に食糧23万トンの調達を秘密指令したが集まらないばかりか在外公館のスタッフは給与ももらえず自給体制、なかにはサウナの三助のアルバイトで糊口を凌いでいる。

北朝鮮は中国に緊急食糧支援を要請したが無償支援は断られた。深刻な金欠病に陥った北朝鮮はスペイン、スーダン、香港など12ヶ国の在外公館（大使館）を閉鎖した。外交官への給与も支払えず、大使館の電気代も払えない状態だったのだ。

プーチンは朝鮮戦争でのソ連の参戦を、はじめて認め「血の友誼」を強調したことも留意しておくべきだ。

2023年7月27日の「『戦勝』70年記念式典」にプーチンの特使として平壌入りしたショイグ国防相はプーチンのメッセージを持参した。

そこには「戦闘飛行を遂行した飛行士を含むソ連の軍人も、朝鮮の愛国者と肩を組んで闘いながら敵の撃滅に重みのある寄与をした」と明記されていた。はじめてソ連の朝鮮戦争参戦をみとめたのだ。そしてショイグは金正恩に10万の兵力の派遣を要請したという。

トランプはウクライナ停戦の実現とともに、この厄介な〝核坊や〟の扱いに本気で取り組むだろう。

北朝鮮の金王朝は3代の独裁王朝で、その最大関心事は独裁の維持である。まして金日成はソ連傀儡の時代から、多くの政敵を粛正し、独裁を築いた。2代目の金正日は「中国を信用するな」と金正恩に言い残した。

中国とロシアを両天秤にかけて、意外に達者な外交を展開する経過を振り返れば、トランプの想定外のアプローチが、瓢簞から駒の結果を生むかもしれない。おそらくトランプはもっと大胆な北朝鮮アプローチを行うだろう。

「平壌にトランプタワーを建てても良いぜ」という台詞も、すでにシナリオのなかに書かれているかも……。

# 第七章

# 米中半導体抗争の不透明な未来

## 台湾の「コソボ化」とは?

ハル・ブランズ&マイケル・ベックリー著、奥山真司訳『デンジャー・ゾーン』(飛鳥新社)は迫りくる中国との衝突のシミュレーションだ。

従来の「トゥキディデスの罠」(新興国家が既存の覇権国に挑む)の現代版とも言え、骨子は「覇権挑戦国が覇権国を追い越すタイミングではなく、追いつく手前で経済破綻などにより壁につきあたる。統治者が悲観的になったときに予測不可能な行動を選択する可能性がある」と予測している。なぜなら「手遅れになる前にできる限りのものを手に入れておこうと考える」からである。

なんと習近平と米国と台湾の構図に似ていることか。

「台湾有事は日本有事」と安倍晋三元首相は台湾のセミナーで発言した。しかし米国にとって「台湾有事は米国有事」ではない。米軍を直接派遣してまでの軍事介入は考えにくい。

トランプが最大の関心を抱くのは台湾の半導体産業の行方である。トランプは「台湾は賢い。米国から技術を奪った」という認識なのだ。したがってトランプの周辺、とくに国防長官と安全保障担当輔佐官には、台湾をよく理解している人材をあてる必要がある。

たしかにトランプは2016年に当選後、まだ就任式前に「中国が一つという原則に我々は囚われる必要があるのか」と発言し、また台湾救援に軍事行動を起こすかとの問いには「土壇場まで曖昧にしておくのが交渉術の奥義だろう」と言っていた。トランプタワーに「進講」に駆けつけたキッシンジャーは「一つの中国」の言いだしっぺだった。


さて、将来の台湾問題のシナリオのひとつは「コソボ化」である。

2023年の6月あたりからコソボ北部で住民が騒ぎ出した。9月には警官隊と銃撃戦を演じ死傷者がでた。9月29日、米国務長官のブリンケンはセルビアに警告を発した。国境付近にセルビアが軍隊を待機させていた。ウクライナで西側の関心が薄れた隙を突いて軍事行動にでる可能性が高かったからだ。セルビア大統領は「国境にセルビア軍はいない。戦車と砲があるだけ」と答えた（戦車と砲を無人で放置したのか?）。

9月30日、NATOのステルテンブルグ事務総長は700名のNATO軍をKFOR（国連コソボ暫定行政ミッションの下に置かれた治安部隊）に急遽派遣するとした。治安部隊は当初36ヶ国、1万6000名だったが、23年9月には28ヶ国4500名の規模に減っていた。ここに700名が加わると合計5200名の国際軍（KFOR＝事実上のNATO軍）が駐留することになる。西側には重い負担である。そうまでしても、コソボを独立させておきたいのだ。

コソボは面積が岐阜県ほどしかなく人口も180万人、ほとんどが農業に従事し、GDPの16％は海外へ出稼ぎに行ったアルバニア系住民の仕送りに頼っている。

そもそもコソボがなぜ独立という僥倖《ぎょうこう》を獲得できたのか。それは瓢箪から駒の連続という想定外の出来事の結果だった。NATO軍と米軍のセルビア空爆であり、セルビアは涙を呑んでコソボを手放さざるを得なくなった。その恨みはセルビア人のこころの底に沈澱した。コソボは重篤な欧米の保護をうけ、通貨はいきなりユーロ。警備を多国籍軍の治安部隊にして貰っている国だから独立国家とは言えない。

10年ほど前、筆者がコソボの首都プリシュティナの街を歩いていると、乳母車に子供を乗せた若い夫婦が話しかけてきた。「ロンドンで働いていて久しぶりに故郷に休暇できています。え、貴方は明日、アルバニアへいくのですか、アルバニアはよいところよ」。

かようにコソボ住民の92％がいつのまにかアルバニア系となっていた。古来より、同地はブルガリア、セルビア、オスマントルコの支配下にあり、戦後はユーゴスラビア連邦の一員だった。

２００８年に独立し、現在までに１３０ヶ国がコソボを外交承認しているが、セルビアはもちろん、ロシア、中国、スペイン、スロバキア、ギリシア、キプロス、ウクライナなどはコソボを独立国とは認めていない。それぞれが少数民族の独立運動の火種を抱えるからだ。

「台湾がコソボ化する」という意味は中国が台湾侵攻をなした場合、西側の団結が成立し、電光石火に独立を認めてしまう。23年11月30日に「レーガン基金研究所」の世論調査では、このような形の台湾独立にアメリカ人の72％が賛成だった。

コソボが独立したとき台湾の世論は歓迎一色だった。

## かつて米国に潰された日本の半導体産業

台湾有事と日本が密接に絡むのは、国家安全保障に直結するからだが、ビジネス方面では半導体競争の行く末である。

トランプはかつての半導体優位が台湾と交替している事実を欣快に思っておらず、信頼できる同盟国・日本に最先端技術をシェアさせようとする米国の思惑を、もっと強烈に継承するだろう。

日本の半導体産業の凋落は米国が仕掛けた強引な政治取引が元凶だったことをトランプは記憶していない。あの頃のトランプはといえば離婚訴訟に明け暮れ、ボクシングの日本大会に応援団長格で来日していた。その時に筆者もトランプに会ったが、戦略的な世界観を持ち合わせているようには思えなかった。

日本の半導体は1980年代に世界シェアの8割を超えていたが、米国の政治圧力に押され衰退した。

第一に日米通商摩擦の犠牲となったクルマの自主規制に続き、半導体が米国の攻撃目標とされ、「日米半導体協定」を無理矢理締結させられ、手足をもがれた。日本の半導体産業はみごとに潰された。議会に働きかけて日本の競争力を弱体化させようと水面下のロビィ活動を展開したのが1977年に設立された「米国半導体工業会」である。この組織が黒幕だった（拙著『半導体戦争！　中国敗北後の日本と世界』、宝島社を参照）。

第二に米国が先端技術を日本の頭越しに韓国と台湾へ供与し開発を奨励した。あきらかに日本の競争力を後退させる目的だった。言いがかりに近いダンピング提訴もさりながら、日本が課せられた数値目標が大きな障害となった。米国はこれで日本は再び立ち上がれまいとほくそ笑んだ。まるで戦後GHQの日本非武装化と同じ発想だったのだ。

第三にアナログからデジタルへの変換がおきていたが、既存の業績に振り回された日本企業の対応が遅れた。日本は高品質にこだわってデジタル方面の対応が後手に回った。日本の電化製品が世界的ベストセラーとなっていて経営者は「その次」を真剣に考える余裕もなかった。またビジネスモデルの変更に追いつけなかった。

日本企業は新分野への開拓を怠り、内部留保の積み上げに明け暮れ、次の技術研究と開発に消極的だった。エンジニア重視の伝統が希薄となった。

## 米国はなぜ「ラピダス」支援に方向転換したか?

そして今、大変化が起きた。

米国の対中制裁の眼目は軍事転用可能なハイテク封鎖である。それが各方面に波及し、AIを最優先する開発競争の変化は、世界戦略と絡んで日本重視政策が急浮上した。トランプ前政権の時から対中制裁は発動されていたが、バイデン政権となって本格化し、米商

図③　現在の最先端半導体開発、ならびに生産状況
(ナノは10億分の1)

| | |
|---|---|
| 1ナノ | ラピダス（日本）が研究に着手。背後にIBM |
| 1.4ナノ | TSMC（台湾）が開発先行中 |
| 2ナノ | TSMCまもなく生産?　インテル（米国）猛追、ラピダスが準備 |
| 3ナノ | TSMC、サムスン（韓国）が量産開始 |
| 5ナノ | インテルが開発、3ナノへの過渡的製品 |
| 7ナノ | IBMが先行したが、サムソンが量産。SMIC（中国）が成功の情報 |
| 10ナノ | TSMC（熊本第二工場）で量産へ |
| 14ナノ | 主にスマホ向け、インテルが先行、TSMC、サムスンが逆転 |
| 28ナノ | TSMC（熊本第一工場）で量産、日本メーカーの主力 |
| 40ナノ | 汎用品 |

務省の中国企業制裁リストはじつに631社！

かくて日本の半導体を壊滅させた米国が、ころりと態度を変えて、次世代半導体の2ナノを日本にも製造させるため「ラピダス」に協力的となり、TSMCを警戒し始めたのだ。韓国の半導体メーカーの中国進出を欣快とせず、米インテルやマイクロン等はイスラエルとインドへの投資も大がかりに開始した。この動きを捉えて日本政府は、およそ3兆円の半導体補助金をつける方針を固めた。

半導体を単に技術開発レベルの狭窄な視野で論じては「木を見て森を見ない」類いとなる。日本の経済論壇はまだ半導体を「産業のコメ」レベルでしか認識できていないが、こ

れは国家安全保障に直結する地政学的な地殻変動を伴っているのだ。

現在、世界最先端の半導体は台湾ＴＳＭＣと韓国のサムスンが量産体制に入った３ナノである。後塵を拝していた米インテルが逆襲にでた。23年９月にサンノゼで開幕した「インテルイノベーション　２０２３」の基調講演で、インテルのパット・ゲルシンガーＣＥＯは２ナノ相当の半導体を２０２４年前半には量産準備が整うと発表した。また１・８ナノの開発も視野に入れた。ラピダスは「その先」の１ナノの研究も開始する。

インテルは現在、７ナノ半導体を大量生産中で、４ナノも増強している。ナノは10億分の１メートル、数値が小さくなるほどハイテク化していく。

ＴＳＭＣは米国政府からの多額の補助金に支えられて、アリゾナ工場で３ナノの量産に入るが、地元アリゾナ州では雇用問題で反対運動に遭遇した。すると、ＴＳＭＣは２ナノ半導体を台湾で生産すると路線を変更したうえ、次世代１・４ナノの研究と開発も台湾のラボで行うとした。

日本政府は熊本にＴＳＭＣを誘致し、汎用品28ナノの大量生産に入る。ＥＶやスマホ、電化製品に大量の需要が見込まれているが、最先端技術開発という文脈では甚だしい周回遅れである。

そこでＩＢＭと組んだ大プロジェクトの「ラピダス」がたちまち構想段階から具体化に進捗し、北海道の千歳で工場の建設が始まった。順調にいけば、２０２７年に稼働予定。ラピダス首脳陣はいきなり２ナノ半導体を目指すとし、小池淳義社長は、吉田松陰を引用して「高い志をもって挑む」と意気軒昂である。

## 米中が互いに言い分を主張し物別れ

２０２３年７月５日、訪台した米国議員団の発言は俄然エスカレートした。米下院議員のケビン・ハーン（共和党、オクラホマ。共和党研究委員会委員長）は台湾総統府で蔡英文総統と面談したとき「何時の日か台湾が独立することを希望する」と述べた。

共和党研究委員会の台湾訪問団はハーン委員長以下、バージェス・オーウェンズ、マイク・フラッド、マイク・コリンズ、ラッセル・フライ、ケイス・セルフら６名の下院議員だった。

同じ日、ＴＳＭＣ創設者の張忠謀（モリス・チャン）が台湾工商会で講演し、「グローバリズムは死んだ」と発言していることは注目に値する。

「かつてグローバリゼーションは数十億人を貧困から救い出し、多くの国で生活水準を向上させたが、他方で富の不均衡な分配を悪化させるなどのマイナスの影響もあった。しかし近年、グローバリゼーションによって雇用が失われ、多くの国の中産階級が弱体化した。米国の鉄鋼、自動車、衣料品メーカーは製造施設を海外に移転し、メリットを共有できなくなった。これは『トゥキディデスの罠』、つまり新興国が地域または国際的な覇権者として既存の大国に取って代わる脅威を感じたとき、戦争への流れを形成する。まさに中国と米国である。米国は軍事的、経済的リーダーシップを確保するために中国に対して貿易制限を導入し、ライバル国の競争力を弱めようとしている」

23年6月に北京入りしたブリンケン国務長官に対して赤絨毯の出迎えはなかった。失脚前の秦剛外相、王毅政治局員と個別に長時間の面談をもったが、真っ向から意見が対立したのは台湾問題だった。5年ぶりの米中外相会談は成果ゼロだった。

ジーナ・レモンド米商務長官は8月28日から北京を訪問し、首相、外相、商業相、中国銀行総裁らと精力的な会談をこなした。

ブリンケン、イエレン財務長官、ケリー（気象特使）の3人が立て続けて訪中したが、米中関係の緊張は和むばかりか、かえって高まった。王毅外相の「戦狼外交」が弛緩する動きは見られなかった。

レモンド商務長官はカウンターパートである王文濤商務大臣と4時間の会談を行ったものの歩み寄りはほとんど見られず、輸出禁止を解除したり、追加関税を引き下げたりする兆しは毫も無かった。レモンドは李強首相とも会談した。「両国の経済・貿易関係は本質的に相互利益であり、ウィンウィンである」と、李強はいつもの台詞を繰り返した。「経済貿易問題を（米国が）政治化し、安全保障の概念を過度に拡大することは、2国間関係と相互信頼に深刻な影響を与えるだけでなく、多国間関係や相互信頼にも深刻な影響を与える」と李首相は米国が悪いのだというすり替え論を付け加えた。

レモンド商務長官は王毅外相との会談で、中国が「国家安全保障」リスクを理由に主要インフラへのマイクロン製チップの使用を禁止したことに懸念を表明した。しかし同時に「米国は中国に対する技術規制を緩めるつもりはない。国家安全保障の問題で妥協したり交渉したりする余地はありません」と述べた。

マイクロンは広島に半導体工場を建設することが本決まりとなり、日本政府は1920億円の補助金を拠出する。マイクロンが中国からはじき出された直後である。

王毅外相は、「通商問題における国家安全保障の過度な一般化は正常な貿易や経済交流に役立たず、市場ルールや公正競争原理に反する一方的で保護主義的な措置は国家の安全と安定を乱すだけである。第301条関税、半導体政策、投資制限、差別的な補助金、中国企業を対象とした制裁などの米国の慣行に深刻な懸念」とまくしたてた。けっきょくお互いが言い分を主張し合っただけで物別れとなった。

## 習近平は台湾侵攻でTSMC工場をそっくり奪いたい

「台湾統一」を常に豪語する中国共産党はあたかも祖国統一が歴史的使命感のような強迫観念に基づいていると考えがちである。

洗脳の結果だが、一般の中国人にとっては迷惑な話だし、中国に進出した台湾企業がごっそりと撤退し、駐在していた台湾人も30万人がすでに引き上げた。台湾経済界は中国を見限った。まだ未練をもつのは日本と米国くらいなのである。

ただし国民党に残る中華思想組と台湾軍の上層部をしめる「統一派」の存在が厄介である。米軍の軍事機密を含む情報が台湾から北京に漏れている可能性があるため、米軍は台湾軍の作戦展開に信頼をおかない。

日米欧による中国制裁で、高度な半導体、半導体製造装置から締め出された中国は国内メーカーを育成し自製を目指すとするが、補助金にたかって食いつぶし、すでに数千社が倒産もしくは廃業した。国益を個人の利権にさっとすり変え、公金を食いつぶすのは科挙制度のもつ伝統藝ともいえる。

悪質なのは中国政府が推奨し、補助金がでると判って、我も我もと半導体製造企業をつくる、エンジニアを世界中から募ったと豪語して資金を集めドロンしたのもいる。

SMIC（中芯国際集成電路製造）とCATL（寧徳時代新能源科技）を例外として、ほとんどがうまくいっていない。しかしCATLの半導体は2世代遅れ、電化製品の部品ていどのレベルである。ちなみに日本は半導体材料（ウエハーなど）では世界の56％、製造装置で32％とダントツなのである。

米国は中国を半導体のサプライチェーンから外す戦略を決めた。このバイデン政権の中国政策に露骨な不満をぶちまけたのが身内のインテル、マイクロンなど米国半導体メーカーだった。彼らから言えば、巨大なマーケットを持つ中国を無視する訳にはいかない。

半導体の基本設計は英国アーム社と米国企業が持ち（アーム社はウォール街に上場し8兆

円を集めて史上最大となった。90％株主は孫正義のSBGである）、製造技術のトップは台湾のTSMC、メモリーは韓国サムスン。日本、オランダは半導体ウエハー及び半導体の表面洗浄技術に分化して来た。

そこで「台湾に侵攻しTSMCを製造設備とエンジニアごと丸呑みする」と中国が考えるのは戦略として論理的帰結だろう。

一方、米国の戦略家の間では「台湾有事となれば、TSMC工場を爆破・破壊する」という非公開のシナリオが存在する。

## オランダも中国向け半導体装置の輸出を止めた

2023年初、オランダの半導体製造装置メーカーで世界トップの「ASML」社は中国拠点の元従業員が機密情報を盗んだとして告発した。ASMLは半導体露光装置（ステッパー、フォトリソグラフィ装置）の世界最大メーカーで、世界16カ国に拠点を持つ。世界シェアは80％だ。

ASMLはかねて日本企業同様に安全管理と技術情報の漏洩防止に脆弱との指摘がなさ

れていた。そのオランダが中国人学生の技術コース受講禁止を始めた。オランダ政府は、半導体など機密技術の大学プログラムから中国人学生を締め出す（ついでに言うと英国海軍は中国籍軍人を排除しグルカ兵と交替させる）。

オランダが狙われているとの警告は以前から指摘されていた。日本と共にオランダは米国の政治的風圧に押され、出荷直前だった中国向け半導体装置の輸出を止めた。また中国への半導体技術の輸出を厳格に制限する米国の包囲網に参加し、西側の安全保障への協力に賢明に取り組んできた。

オランダ諜報機関の報告書は、中国が国の経済安全保障に「最大の脅威を与えている」と主張した。多くのオランダの企業や機関が中国との経済・科学協力の適切なリスク評価を行うことが困難とも報告された。

報告書は「中国政府や中国軍が裏でこうした協力に関与している可能性があることを中国はしばしば隠している。協力のデメリットは、長期的に見て初めて明らかになる。中国は企業買収、学術協力のほか、不法デジタル、スパイ行為、インサイダー、秘密投資、違法輸出を通じてオランダのハイテク企業や機関を標的にしている」とした。

## 中国の半導体製造は本当に進化している？

中国は「中国製造2025」で5G通信、宇宙航空などとともに「半導体の自製」を高めると豪語していた。

しかし遅々として進捗しなかった。2023年3月をもって、オランダのASML、東京エレクトロンなどが半導体製造装置を中国に輸出しなくなった。これがないと中国が10ナノ以上の高度な半導体の自製を達成することは困難である。

そこで中国は8月からガリウムとゲルマニウムの輸出制限に乗り出した。10月には黒鉛も輸出制限に乗り出した。西側のサプライチェーン寸断が狙いである。

バイデンの対中半導体輸出規制強化以後、世界の半導体は設備投資、新工場増設、新設に踏み切って十数兆円の補助金も乱舞する状況にある。ところが半導体ビジネスで肝腎の売り上げが急減し、TSMCは株価10％下落、インテル、マイクロンが業績不振、東京エレクトロンは22％の減益となった。アップルは時価総額を28兆円も減らした。

インテルのCEOゲルシンガーらはバイデン政権に激しく噛みついた。半導体大手11社の23年上半期利益は49％減少した。

中国の半導体最大手ＳＭＩＣ（中芯国際集成電路製造）は7ナノに相当する5Ｇ半導体を製造しスマホに利用している。ただしこのファーウェイのスマホは、中国人の愛国心をくすぐって売れてはいるものの中国の若者に人気が無い。依然としてトップはアップルである。

ＳＭＩＣは旧型の製造装置を独自に改良した装置で生産していると観測された。中国は、ならば白製で半導体製造装置もつくってみせようとばかりに、中国政府系「上海微電子装備」が10ナノ製造装置に成功したという情報が駆け巡った。真偽のほどは確かめようがない。それを使った商品にお目にかかれないからだ。

ただし米国のシンクタンクＣＳＩＳの報告に拠れば「中国のＳＭＩＣが7ナノ生産に成功した。米国の規制強化、日本とオランダの製造装置輸出禁止措置は間に合わなかったと報告した」（23年10月15日）。

中国の半導体製造装置の開発は政府系「北方華創科技集団」（ＮＡＵＲＡ）が、関連企業４００社が集まった業界会議で「対中包囲網突破で団結」を謳った。「２０３５年までに中国は半導体製造装置の70％自製を達成する」と大目標を掲げた。

ＮＡＵＲＡは半導体機器、真空機器、リチウム電池機器、精密部品、半導体、新エネルギー資源、新素材を製造しているが、軍事産業のため企業規模は非公開である。

親中色が強い『アジア・タイムズ』（9月5日）は「ＳＭＩＣが7ナノ半導体に成功した」と早くから報じていた。理由はＳＭＩＣに残った台湾と韓国の優秀なエンジニアが数百人もいること。またオランダの半導体装置メーカーＡＳＭＬが米国の制裁前にすでに14ナノに関しては輸出済みだったことなどをあげた。しかし7ナノは米国のインテルも製造しているが歩留まりが多く、なかなかうまく行かない技術である。

## 台湾と中国の半導体人脈はぐじゃぐじゃ

真相はおおよそ次の証言でわかる。

台湾と中国に跨がって半導体生産の現場経験豊かな台湾人が興味深い証言をしている。

張忠謀（モリス・チャン）から技術力を見込まれて、ＴＳＭＣの共同ＣＥＯとなっていた蔣尚義は、紆余曲折があって中国のＳＭＩＣ副会長になった。その経験をもとに中国の半導体産業が「成功しない理由」は米国の禁輸、規制圧力より、「人材」が最大の障害だと語った。

蔣尚義は台湾大学から米国プリンストン、スタンフォードに渡り博士号を取得、TI（テキサス・インスツルメンツ）とHP（ヒューレットパッカード）の研究開発で辣腕を発揮し、TSMCに呼ばれた。蔣尚義は2013年にTSMCを退職し、中国へ渡って鳴り物入りで騒がれていたSMICで働いた。

台湾半導体のトップクラスが、中国半導体の中枢企業へ移籍したわけだから、台湾で大騒ぎとなった。「叛将」（裏切り者）呼ばわりされた。

彼のコネでオランダのASMLから最新の半導体製造装置を獲得しようとした矢先、米国のブラックリストにのって破談となった。さらにSMICの内部抗争に巻き込まれ、HSMC（武漢弘芯）に移籍したが、この企業は半導体助成金を狙った詐欺まがいだった。

蔣尚義は、「中国企業は研究開発の技術的側面を解決できるかもしれないが、最大のハードルは人材だ」と結語した。つまり技術開発を優先するより金儲けと出世が、かれらの生き方で、そうなると半導体開発はうまく行かないというわけだ。

「中国の半導体産業が自立できるか、どうかは分からないが、10年以上にわたってこの産業を発展させてきており、米国の制裁は実際にはごく最近のことでしかない」とする。

台湾で待っていたのは「お騒がせ男」、郭台銘の鵬海精密工業だった。同社は半導体事業に進出するのだ。2022年に台湾の半導体メーカー、マクロニクス・インターナショナル（旺宏電子）から工場を買収した。蔣尚義はこの鴻海精密工業の半導体部門である「訊芯科技」のCEOとなった。

この動きをみて中国の税務当局が鴻海精密工業の中国拠点4カ所を捜索した。嫌がらせも念が入っている。

「叛将」はまだいる。張汝京を中国は逆に「半導体の父」として賞賛した。

張汝京は台湾大学からNY州立大学をへて、TIで20年間働き、台湾へ戻って、TSMC、連合電子につぐ3位のファウンドリー「世大」を設立した。

ファウンドリーは顧客の要請で特殊仕様の製品を製造するので、つねに顧客との共同作業が必要である。世大は顧客との関係が良好に進まず、やがてTSMCに買収された。このため張汝京は数百人の台湾人エンジニアを引き連れて上海へ渡る。まさに「渡り鳥」集団。台湾で大騒ぎとなって「裏切り」と非難された。

中国政府のテコ入れでSMICが設立された。しかしTSMCから特許裁判を起こされ、その後は半導体補助金を狙った詐欺に引っかかるなど、さんざんな目に遭った。張忠謀に言わしめると「張汝京は工場建設の名人だが、企業経営は無理」という。

次に梁孟松。「中国半導体の魔術師」と『ウォールストリートジャーナル』が比喩したが、台湾では「裏切り者」。中国では「救世主」。SMICの5G半導体を成功に導いたのは彼だった。彼は台湾生まれ，国立成功大学電機工程学系で修士号。カリフォルニア大学バークレー校で電子工程博士号を取得した。

その後、米国AMD（アドバンスト・マイクロ・デバイセズ）を経てTSMCのシニア長，台湾・清華大学電機系教授、韓国・成均館大学訪問教授を経て韓国のサムスン副社長，ついでSMIC（中芯国際集成電路製造）共同首席兼執行理事を歴任した。台湾→米国→韓国→中国と渡り鳥の典型である。

韓国サムスンがTSMCに猛追できたのは梁の活躍だったとされる。そのあと彼は台湾のTSMCに移籍するのだが、居場所がなくなり、次に中国へ渡った。2017年、梁はSMICの14ナノ半導体製造を成功させ、中国の英雄となった。

もう一人は高啓全。高も台湾生まれ、「DRAMのゴッドファザー」といわれる。台湾大学化学工業系を卒業し，ノース・カロライナ州立大学で修士号。最初は「フェアチャイルド」、ついでインテルに移籍し、1987年にTSMCに転職した。2015年に高啓全は中国へ渡り、紫光集団の副総裁。ところが翌年退職した。そのあとを襲ったのが日本人の坂本幸雄（エルピーダメモリからマイクロン・ジャパン社長）である。しかし紫光集団は倒産した。

台湾と中国の半導体企業の裏話の氷山の一角である。ことほど左様に中国と台湾の半導体人脈はぐじゃぐじゃなのだ。

## テスラは中国に取り込まれた人質

さて、米中対決が先鋭化した状況にあるにもかかわらず、イーロン・マスクやビル・ゲーツの度重なる訪中が中国のメディアを賑わせている。トランプはこうした動きにいささかのコメントもしていない。

ＪＰモルガン、アップル、スタバなどのＣＥＯも陸続と北京に詣でているのはどういう了見なのか？　日本の経団連ばかりを批判しているわけにはいかない。

米国の対中政策はジグザグで安全保障問題では中国を封じ込めるタカ派だが、通商となるとビジネスの拡大を狙うハト派にヘンシンし、これを矛盾とは考えない無神経なところがある。

イーロン・マスクは5月下旬、北京へプライベートジェットで乗り付け、当時まだ失脚していなかった秦剛外相らと会談した。

中国外務省によれば、「テスラはデカップリングや供給網の分断に反対し、中国での業務拡大を続けていく」とした。「米中対立の最中とはいえ、テスラは中国重視の姿勢をアピールしたい。世界第2位の経済大国（＝中国）がさらなる市場開放に向けて努力し、海外投資に対する魅力を高めている状況にあることを世界的に宣伝できる機会ともなった」と関係者は言う。

秦剛外相（当時）は「テスラを含む諸外国企業に中国が市場志向、法的、国際的なビジネス環境構築のために尽力する。中国の発展は世界にとってチャンスだ。健全で安定した建設的な中米関係は、中国と米国だけでなく世界全体にとっても有益だ」と綺麗ごとを並べたててみせた。

中国に大工場をかかえ、世界中でEVを年間125万台生産するテスラは、中国に取り込まれた「人質」である。なにしろテスラの総売上高の21％は中国である。

イーロン・マスク訪中の直前にもスターバックスのラクスマン・ナラシンハン、アップルCEOのティム・クック、ファイザーのアルバート・ボウラらが訪中した。スタバは中国全土に店舗展開していて価格は日本より高いのに若い世代に人気がある。スタバが彼らのステイタスシンボルとなっている。

23年6月16日には、ビル・ゲーツが訪中し、北京で習近平に「古い友人」と言われ舞い上がった。

イーロン・マスクの政治的立ち位置はトランプを支援し、巨費を投じてツイッターを買収し、「永久凍結」されたトランプのアカウントを再開したことでも明らか。ツイッターの鳥のロゴを「X」に変えた。かようにマスクは熱狂的と言えるほどの共和党支持である。

しかしマスクの政治行動で気になるのは、台湾統一に関して「台湾を特別行政区として平和裏に統一すれば良い」と中国側に吹き込まれたことを直截に表現していることだ。極東情勢には認識不足が目立つ。

テスラの市場は中国であって台湾ではない。したがって台湾独立には距離をおき、無関心である。マスクがのこのこと北京へ詣でたことは中国の政治宣伝のカモとなったことになる。テスラが腰を落ち着けて上海工場を継続してくれると、共産党の政治宣伝に役立つ。

## 米国実業界は台湾に対して無関心

こうみてくると次の予測がなりたつ。

米国実業界は、やはり中国重視であり、半導体産業をのぞけば台湾に無関心に近い。トランプは「半導体世界一のTSMCは米国から技術を奪ったのだ」という認識で、台湾から猛反発を喰らっているほどに、実情には疎い。

しかし半導体競争で明らかなように、米英の狙いは「頭脳部分」の独占にある。つまり設計や基本特許を押さえ、ルールを決め、生産は下請けに依存し、基本特許料金のロイヤル収入で大儲けをすることであり、図④のように米国の大富豪のほとんどが頭脳部門の独占で富を築きあげたのである。

GAFAMから「マグニフィセント・セブン」へ、株式市場でも時価総額の「トップセブン」が様変わりしている。かつて鉄鋼、造船で日本は世界一だった。また堤義明が世界長者番付でトップだった。西武鉄道の所有面積の時価総額から割り出された。日本の不動産価格は米国を凌ぎ、世界一だった。その「土地本位制」の神話は不動産バブル崩壊とと

## 図④　全米の大富豪10傑（フォーブス2023年版）

| 順位 | 名前 | 社名 | 推定資産（億ドル） |
| --- | --- | --- | --- |
| 1 | イーロン・マスク | テスラ、スペースX | 2510億ドル |
| 2 | ジェフ・ベゾス | アマゾン | 1610億ドル |
| 3 | ラリー・エリクソン | オラクル | 1580億ドル |
| 4 | ウォーレン・バフェット | バークシャー・ハサウェイ | 1210億ドル |
| 5 | ラリー・ペイジ | グーグル | 1140億ドル |
| 6 | ビル・ゲーツ | マイクロソフト | 1110億ドル |
| 7 | セルゲイ・ブリン | グーグル | 1100億ドル |
| 8 | マーク・ザッカーバーグ | フェイスブック | 1060億ドル |
| 9 | スティーブ・バルマー | マイクロソフト | 1010億ドル |
| 10 | マイケル・ブルームバーグ | ブルームバーグ | 963億ドル |

かつての石油王、鉄鋼王、自動車王、映画王らものつくりの経営者は消え、IT通信や、半導体製造のCEOらも10傑から去った。バブル時代の企業買収（乗っ取り屋）や禿鷹ファンド筋の錬金術士らも番付からいなくなった。

長者番付の要素として、かつての不動産評価ではなく持ち株の時価評価が算定基準で、大富豪たちほとんど全員が創業からの株主。その時価総額でランキングがきまっている。ハイテクを活用した新分野への挑戦者であり、頭脳部分、つまり設計と特許とを先に押さえ、じっさいのものつくりは下請けに任せるという発明家的起業家で上位が独占されている。これが米国の産業の特質である。

またマスクとエリクソンが共和党支持。バフェットは中立的。残る７名は明確に民主党支持のリベラル派である。

もに消えた。

世界の産業地図は激変した。

通信の王者ATT、コンピュータのIBMなどが低迷し、新顔が登場した。GAFAM（グーグル、アップル、フェイスブック〈メタ〉、アマゾン、マイクロソフト）の株価がウォール街の時価総額の4分の1を占めるようになった。日本はスマホ、ソフト設計にも追いつけず、かろうじてトヨタが気を吐く程度となった。GAFAMの勢いにはやや陰りがあるが、ここにテスラとエヌビディアが加わった。

これら7社を「マグニフィセント・セブン」と株式市場が命名した。株価を牽引し、関連企業の株を押し上げ、ついには欧米の投資ファンドが出遅れ感の強い日本企業株に狙いを定めたのである。


日本は対米外交で「トランプ・シフト」を急がなければならない。

首相を補佐する外交担当の首相補佐官、外務大臣、駐米大使がスクラムを組める強靭な外交チームが必要である。安倍晋三はドナルド、シンゾウと呼び合えるほどにトランプ政権にくいこんだ。世に逸材は眠っているはずである。

ともかく次世代ビジネス、日本経済の捲土重来は半導体にかかっている。日本政府は補助金を増やして、起死回生に動き出した。NTT、ソニーなど日本企業8社が73億円を出しあって22年に設立したラピダスに政府は破格の9200億円を拠出する。また、この会社、半導体を製造していないどころか北海道千歳の美々工業団地で土木基礎工事を始めたばかりである（23年11月現在）。

新規事業に消極的だった日本政府が唐突にスタンスを変えた背景に米国企業と政治家の

影がちらつく。この黒幕は誰だろう？

ラピダスの投資総額は官民合わせて2兆円規模となり、エンジニア１０００名を呼び込み、２０２７年から最先端の2ナノ半導体を製造する。産業界も証券界も大きな期待を寄せるのは将来の夢があるからだ。

「グローバリズム」の象徴として世界にサプライチェーンを構築してきた代表格が米国アップルである。

創業者ジョブズは、スマホをすべて米国内で生産する基本方針を打ち出していた。技術を守り、権益を独占する目的が含まれていた。２代目ＣＥＯのティム・クックはインド系米国人でもあり、世界的普及を狙って中国に生産拠点を移行した。世界的なサプライチェーンを構築して世界市場を比較優位に導くというグローバル戦略に切り替えた。

これは戦略的な誤りだった。予期せぬ事態、ファーウェイの迅速な台頭を許したからだ。いま世界各地、モスクワでもワルシャワでもオークランドでも、いやラオスやミャンマーやパプアニューギニアの片田舎へ行っても「ＨＵＡＷＥＩ」の看板が輝いている。

## 「米国と同盟国vs反米国家群＋チャイナ」という図式

２０１７年からのトランプ政権の基本方針の転換、すなわちグローバリズムの否定によって、米中貿易戦争という表面的現象があるが、地下水脈では自国に生産拠点を戻すという基本に切り替わった。これはアップルだけではない。インテルもグーグルもクアルコムもそうである。

第一に欧米はファーウェイに蚕食《さんしょく》された世界市場のシェア奪回に動く。しかし既に10万基のアンテナ基地はノキア、エリクソンなどを押しのけてファーウェイとZTE（中興通訊）が世界に浸透しており、ロシア、中東ばかりか、同盟諸国であるNATO諸国ですら中国企業の地上局を設営している。

アフリカ諸国に至っては米国勢の捲土重来の余地さえない。英国が宗主国だったパプアニューギニアやフィジーですら、英国系ボーダフォンをファーウェイが猛追している。

第二に基本特許の制約を強化し、法廷闘争などを通じて、外国企業の次期テクノロジー先行を法的にも阻止することに米国の企業戦略が置かれた。

第三にサプライチェーンの再構築という大問題が横たわっている。国際的に分業体制に変貌させた多角的複合的グローバリズムは根底的な見直しに直面する。「米国と同盟国vs反米国家群+チャイナ」という図式になる。となると韓国サムスン、SKハイニックス、台湾TSMC、UMCの位置づけ、今後のファウンドリー企業との関係がどうなるか。

半導体ファウンドリーで世界の49%のシェアを誇るTSMCは、アップルとファーウェイに供給してきた。今後も中国工場への供給は続けるという姿勢を示している。世界第2位のサムスンは米クアルコムへ供給し続けている。

第四に情報漏洩、スパイ防止、ハイテク防衛のために西側は団結しての防御態勢を敷けるのか、どうか。中国を対象とした「新ココム」が形成されつつある状況だが、西側全体が米国の中国封じ込め政策に全面的に賛同し協力しているとは考えられない。

例えば米国はファーウェイが北朝鮮に通信網を構築したという報道を受けて調査を命じた。ファーウェイが中国企業を通じて通信機器や保守サービスを北に提供していたというのだが、北朝鮮という伏魔殿のなかをどうやって調査するのだろう?

最近明らかになったことだが、北のハッカー部隊は2018年だけでネット銀行から総額20億ドルを盗んでいた。

## しかし図太い神経の中国企業

製品ボイコット、半導体製造装置の供与禁止など米国主導の制裁でにっちもさっちも行かなくなった中国は次世代半導体開発の展望は暗くなった。くわえて鳴り物入りで騒がれた清華大学系の紫光集団は債務不履行、SMICなど数社をのぞいて工場のラインはとまり閑古鳥、工業団地にペンペン草……。

しかし図太い神経の持主である中国は、泥沼に陥没しても決してうちひしがれていないのだ。周恩来は「国民はパンツ一枚になっても原爆を創る」と豪語し、軍事力で米国と肩を並べるまでに肥大化させた。中国が世界一という病的な中華思想の自信がある。

習近平は23年7月にも江蘇省ハイテク団地などを急遽視察した。おりしもイエレン米財務長官が北京入りし、李強首相と人民大会堂で会談していた。イエレンは「米中関係はデカップリングではなく、公平なルールに基づいた良性の競争を求める」と意味不明の発言、李首相も「両国が正しいつきあいをできるかは人類の将来、運命に拘わる」などと大げさなことを言い出し「協力の強化は正しい選択だ」と、これまた歯の浮くような言葉をかえした。

習近平は江蘇省各地を巡回した。まずは江蘇省蘇州のハイテクパークに出現し、ついで南京の「紫金山実験室」を視察した。ここにチャイナ・モバイルと復旦大学共同の6G研究センターがある。通信技術の最先端である。

習近平の一連の視察で明らかなことは光ファイバー技術ならびに5Gの通信容量から、6Gへの飛躍ぶりを把握することにあった。5Gの基地局において世界一の座にあったファーウェイとZTEは、復活をかけての国家プロジェクトに挑むのだ。かつてソ連はドイツ人科学者を大量に拉致し原水爆開発に従事させた。スプートニクは米国より先に打ち上げた。

中国には半導体でも苦境を乗り越え、自給体制を確立するという（実現できるか、どうかは別として）意思だけは確固としている。

「知価革命」などと堺屋太一が造語したビジネスパターンの残影がまだ2022年頃まで、一抹の希望とともに語られていた。ちなみに23年1月7日付けの『USニューズ&ワールドレポート』誌は、「世界技術立国ランキング」を発表し、1位は日本と賞賛した（2位韓国、3位中国、4位米国、5位ドイツ、6位シンガポール、7位英国、8位ロシア、9位スイス）。

この栄光の位置から先進国の転落が始まった。

中国の改革開放は40年前、なにもかもが古く日本が懇切丁寧に教えて、援助した。庶民の宝は自転車。時計をもっている人は少なく、また大きな都市でも眼鏡屋はほとんど無かった。日本の全面的な援助によって、いまや中国は鉄鋼生産で世界一となって逆に日本の高炉がいくつも閉鎖となった。八幡や福山、君津など鉄の町に失業者が溢れた。

中国は自動車鋼板も新幹線車両も製造できるようになった。電話の普及は明治時代初期のごとしだったが、スマホがあっというまに10億台、パソコンも中国が量産できるようになった。米国が下請けを中国工場にだしたからだ。

驚き桃の木は自動車である。

EVは世界一となり自動車王国だった米国、ドイツ、英国、日本、フランスを超えた。ドローン生産も世界一、人工衛星打ち上げも米国を抜いた。西側の焦りは並大抵ではない。その中国が次世代半導体の生産に挑むと宣言しているのである。

他方、外国企業の中国への直接投資は激減している。

株債券を含めての投資額が、2022年の1兆1060億ドルから、23年6月末で1880億ドル減少しており、前年比17%減になる。23年6月末の外国企業の中国投資残高は

9180億ドルと見積もられている。

2023年11月16日からサンフランシスコで開催されたAPECの出席を名目に、習近平は6年ぶりの訪米をなしたことはみた。メディアが報道しなかったが、各地で反対運動が繰り広げられた。自由中国をもとめる中国人活動家をはじめ、ウイグル、チベット独立運動のひとたち、そして台湾独立を訴えるグループが、五星紅旗かかげて歓迎を演出した中国のシンパの集会と睨み合った。

習近平が宿舎としたのはハイヤット・リージェンシーで、岸田首相は会期中にのこのこと習のホテルへ出かけ「位負け外交」を演じた。

APEC開会前夜、同ホテルでは習近平歓迎の夕食会が開催され、アメリカ財界の有名人300人が揉み手で参加した。主催は米中関係全国委と米中商工会。参加費はひとり4万ドル（6000万円）。一卓は8人だった。

独裁者とお近づきになりたくて4万ドルも包んだ「善意」の参加者をみると、アップルのティム・クックCEOをはじめとしてマイクロソフト、シティバンク、エクソン・モービル、ブロードコム、ボーイング、インテルなどのCEOもしくは幹部たちだった。日本の経団連や親中派政治家と同様に、米国財界人の無定見ぶりを露呈した。

ただし、習近平は抽象論に終始し、期待しされた具体的な政策提示は何一つなく、『ウォールストリート・ジャーナル』は、「多くのアメリカ財界人は失望した」と論じた。その2週間後、最後のパンダハガーの大物、キッシンジャー元国務長官が100歳で逝った。

# エピローグ

## トランプが仕掛ける対日ショックとは何か？

## 米国最大のアキレス腱は財政赤字である

トランプ「次期大統領」が国内的に直面するのは米国の財政赤字という難題である。

赤字国債で国家運営をまかなってきたが、その累積債務は2024年中に40兆ドルを超える。毎時8億3300万ドル、毎日200億ドルの利払いに追われており、米国の繁栄は利払いで消えることになる。23年11月時点での利払いは年間に1兆270億ドル（154兆円。これだけでも日本の国家予算の1・44倍）である。

このままの趨勢で進めば、世界一の軍事大国は維持が困難になる。だから先に述べたように「在日米軍と第七艦隊は日本でまかなってくれまいか」とトランプは日本に要請することになるだろう、と筆者は予測している。

またドル紙幣の紙くず化に対応するために、新札「トランプ・ドル」を発行する可能性が高い。外貨準備のほとんどを米ドルで保有する日本にとっては、未曾有のショックとなる。

2023年10月末速報で、米国の赤字国債の債務累積は33兆6490億ドル（5047

兆円。日本のGDPの8倍弱）に達した。このままいくと、２０２４年には累積債務が41兆ドル（６１５０兆円）となり、２０３０年には確実に50兆ドル（７５００兆円）を超える計算になる。

これだけの数字を目の前にして、米国議会がイスラエル支援、ウクライナ支援に米国人納税者のお金を使う決定ができるか、どうか。

そしてトランプは外国のもめ事には積極的に関与しなくなるだろう。米国ファーストとは外交的姿勢の基本がモンロー主義に基づくのである。

ハマスのイスラエル奇襲とガザへの地上軍侵攻で、ウクライナ戦争は事実上の「ゲーム・オーバー」。ゼレンスキーは霞んだ。

『ＴＩＭＥ』11月20日号（10月22日発売）の表紙に落胆したゼレンスキーの発言を大きく配置し、「だれもウクライナの勝利を信じていない。私は信じているのに」としたことは述べた。［ＮＯＢＯＤＹ］は特大文字だった。

同誌は「すでに2年近い戦争。夥しい犠牲者。しかしロシア軍はウクライナの5分の1を統治したまま。ゼレンスキーは孤独な闘いに明け暮れている」と分析し、ゼレンスキー大統領側近の発言として、「西側に裏切られたと感じている」とした。

近代史を振り返っても米国が支援し、最後に裏切ったのは蔣介石、ゴジンジェム、ロンノル、そしてアフガニスタンのガニ大統領とつづく。サダム・フセイン亡き後のイラク、カダフィ大佐亡き後のリビアは米国の描いた戦略から大きく外れ、内乱が続いている。

イスラエル・ハマス紛争にメディア報道が集中し、ウクライナ問題は霞み、欧州の多くの評論家は「ゼレンスキーは過去の人」とした。実際に西側の大手メディア報道はガザからの中継に切り替わった。NBCニュースは「米国と欧州の当局者が戦争終結のための譲歩の可能性について、静かにウクライナと協議を始めている」と報道した。

英誌『エコノミスト』は「ウクライナの最高司令官は、突破口はなく、戦況は膠着状態にあることを認めた」とし、ニューヨーク・タイムズは「ウクライナ軍最高司令官が戦闘が行き詰まりに達したと初めて述べた」と書いた。

西側メディアの論調は様変わりしている。

過去数カ月、ウクライナの最前線は膠着状態にある。ウクライナ軍の戦闘能力は急速に失われた。前掲『TIME』にコメントした匿名のウクライナ政府幹部は「現在、西側諸国は武器を送り続けることはできるが、それを使用する有能な軍人がいない。だから役に立たない」。

　まして米国民の親ウクライナ熱は急速冷凍庫だ。イスラエルによるガザ攻撃に対してホワイトハウスの全面支持は、枯渇した米国の兵器庫にさらなる負担を強いた。ウクライナ向けを予定していた数万発の砲弾がイスラエル国防軍に転送された。ウクライナがＮＡＴＯ加盟国になるという幻影も消えた。

　バイデン大統領はこの責任をどう負うのか？

　慌てたバイデン大統領は11月18日、19日と立て続けにオースチン国防長官、ブリンケン国務長官をキエフに送りこんでゼレンスキーを説得した。

　ゼレンスキー政権の足下がおかしくなり、閣僚の入れ替えにくわえ、３人の側近が辞任した。参謀総長の側近少佐は手投げ弾の事故で死亡した。モラルが弛緩している。

　ロシアとの戦局は敗色が濃く、ゼレンスキーは「西側の武器が来ない。援助が継続されない」ことをもっぱらの理由に挙げているが、兵力が訓練不足で、ハイテク兵器を使いこなせない事実を語らなかった。

　そのうえで、「トランプ前大統領は24時間で平和的解決をするなんて言っているが、どうやるのか。キエフに来て欲しいと招待したが、断られた」とした。またウクライナ大統領選挙が近づいているが「いまは実施する時期ではない」とNBCニュース（11月5日）で答えた。

トランプはウクライナを戦争に引きずりこんだバイデン政権の尻ぬぐいは御免とばかりに、「いまの担当はバイデンであり、わたしがキエフへ行くのは時宜的に不適切である」と回答した。

## トランプ来日、靖国参拝というショック

さて11月16日〜17日のAPECサンフランシスコでは米中首脳会談と日中首脳会談が一年ぶりに開催されたが、冷ややかな雰囲気に変わりはなく、米中対立は続く。

中国から外資が顕著な勢いで去って行く。「さようなら、チャイナ」が合い言葉であるかのようにウォール街のファンドも、三菱自工も去る。

中国は急遽ドル不足を米国債券売却で埋めたが焼け石に水だった。恒大集団などは海外資産の凍結没収を防ぐため、破産申請を米国裁判所に提出した。また米国は中国資本の農地買収を禁止する方向にある。

孔子学院が消え、ワシントンの国立動物園のパンダも中国に返還され、米国の首都からパンダが姿を消した。日本もこれにならい孔子学院を閉鎖に踏み切り、パンダを還すべきではないのか。

ここでトランプの本業を思い出しておこう。かれは不動産デベロッパーで、しかも自らを「取引の天才」と言っている。トランプから見れば中国の不動産バブル崩壊は、資本主義原理に基づかない現象だから、理解不能である。

中国の不動産バブル崩壊は所詮、中国国内のこと、どれほどゴーストタウンができようがトランプのビジネスには何らの影響もない。かれは土地利用が出来ない中国にトランプタワーを建てていない。

しかし中国経済の崩壊への道のりが見えてくると、世界的な金融ドミノがおこりうると、懸念が拡がった。

恒大集団が起債したドル建て社債の利払いができない実態がわかって、世界の金融界は身構えた。ドル建て社債の元金どころか利息も支払えないということは事実上の倒産である。業界1位の碧桂園、恒大集団、大連万達、万科、世茂、融創など最有力とされた不動産企業が軒並みデフォルトを演じた。驀進しつづけてきた中国経済に突然急ブレーキがかかった。

第一に開発業者が経営破綻となると（1）労働者給与不払い。（2）社員の解雇は大量の失業を生む。（3）関連企業（広告代理店からチラシの紙問屋まで）の株暴落。（4）融資した銀行の信用不安。（5）たとえばクレーンリースやセメントなど建材会社も不払いが生じているから、経営困難に直面。（6）下請け、孫請けの倒産などにより社会不安。失業者の暴動に繋がりかねない。

第二にローン契約者の怒り、本社への抗議活動など暴動と一触即発の情勢である。

中国では購入契約はギャラリー展示、広告発表時点で行われ、引き渡しは1年後、2年後であっても購入者にとって動機は投機だから工事期間にはこだわらない。しかし契約のときに頭金を支払い、長期ローンを契約する。金利は3％以上である。それゆえにデベロッパーが倒産し、工事中断となればカネ返せと叫ぶ集団が不動産企業本社ビルを取り囲んだのだ。

これは中国の全体の社会問題である。警官隊を導入して抗議集団を排除しても、根本の解決策はない。不動産ローン契約は２０１８年第４四半期で6兆元に達していた。23年第3四半期にようやくマイナスとなった。

第三に金融システムが機能しなくなり、地方政府の債権起債（公式で800兆円、実際には1600兆円）の焦げ付きが発生、市場は債権、株、投資信託の売り一色となった。これが外国ファンドに繋がるのである。となると、中国株で投信を組み立ててきた外国証券、中国企業に巨額融資をしてきた外国銀行に悪影響がでて、ドミノ倒しが拡がる。中国当局は、倒産したデベロッパーの再建に1380億ドル（およそ20兆円）投入を検討しており、また「再生すべきデベロッパー」50社を選定中という。率直に言って焼け石に水、当面の時間稼ぎでしかない。

トランプは本業の不動産王の経験則が中国にはあてはまらないことを知っている。

この小冊では紙幅が限られているためエネルギー、食糧問題と、AI、チャットGPTにトランプがいかなる対応をとるかの考察が充分に出来なかった。EVは率直に言って落日を迎え、国内資源開発に前向きなトランプは、ハイブリッド車への回帰を計りそうだ。また全米最大の農地保有者はビル・ゲーツだという事実はなにかの前兆であり、日本は格別の注意が必要である。

最後にトランプ「次期大統領」に進言したいことがある。

対日ショックが日本にも裨益する最大の手段として、次回来日時に靖国神社参拝を決断されんことを。戦後78年つづく日本の瀰漫《びまん》状態を、このショックで一撃し日本の首相参拝の恒例化はもとより天皇陛下の御親拝が可能となる。そして日本は精神的にも立ち直れる。

いずれにせよ「トランプ2・0」によって、日米関係は抜本的な変化の波に襲われ、日米安保体制の基軸の変更を迫られる時代に突入することは確かである。

[著者略歴]
宮崎正弘（みやざき・まさひろ）
1946年、石川県金沢生まれ。評論家。早稲田大学中退。「日本学生新聞」編集長、雑誌『浪漫』企画室長、貿易会社経営などを経て、1982年『もうひとつの資源戦争』（講談社）で論壇デビュー。中国ウォッチャーとして知られ、全33省にわたり独自の取材活動を続けている。
近著に、『日本の保守』『米中メルトダウンの結末』（以上、ビジネス社）、『誰も書けなかったディープ・ステートのシン・真実』『半導体戦争！』（以上、宝島社）、『トランプ熱狂、アメリカの「反知性主義」』（海竜社）、『習近平3.0中国地獄が世界を襲う』（徳間書店）などがある。

**2025年トランプ劇場2.0！世界は大激変**

2024年1月10日　第1刷発行

著　者　　宮崎正弘
発行者　　唐津 隆
発行所　　株式会社ビジネス社
〒162-0805　東京都新宿区矢来町114番地 神楽坂高橋ビル5階
電話　03(5227)1602　FAX　03(5227)1603
https://www.business-sha.co.jp

〈装幀〉大谷昌稔
〈本文組版〉茂呂田剛（エムアンドケイ）
〈印刷・製本〉大日本印刷株式会社
〈営業担当〉山口健志
〈編集担当〉中澤直樹


ISBN978-4-8284-2586-3